그는 왜 하필 나를 괴롭히기로 했을까?

그는 왜 하필 나를 괴롭히기로 했을까?

심리학, 내 인생을 망치는 사람을 분석하다

빌 에디 지음 | 박미용 옮김

갈매나무

CONTENTS

2부 「다섯 가지 유형」

3장 그는 단지 자신을 높이기 위해 나를 깎아내리려고 한다
: 자기애성 고도갈등 유형

4장 자꾸 선 좀 넘지 말아줄래?
: 경계선 고도갈등 유형

3부 「솔루션」

미리 보기 고도갈등 성격의 40가지 특징

- 자신의 행동을 되돌아보지 않는다.
- 문제 상황에서 자신이 어떤 잘못을 했는지 통찰하지 못한다.
- 자신이 왜 그런 식으로 행동하는지를 이해하지 못한다.
- 문제가 반복되어도 태도를 바꾸지 않는다.
- 상담과 같은 실질적인 조언을 구하지 않는다.
- 사람들과 금방 친해지지만 오래가지 않는다. 장기적인 인간관계를 맺는 데 왜 자꾸 실패하는지 이해하지 못한다.
- 누가 변화를 요구하면 극단적인 방어 자세를 취한다.
- 어떤 상황에서든 자신의 행동은 정상이고 필요한 것이었다고 주장한다.
- 다른 사람과 대화할 때 적절한 대답은 해도 공감은 잘 못한다.
- 사람들의 관심을 끄는 데 집착한다.
- 과거에 집착하며 자신의 행동을 옹호하고 다른 사람을 공격한다.
- 부정적인 성격은 숨기고, 늘 괜찮은 척한다.
- 부적절한 행동을 지적받으면 그렇게 지적한 사람을 이상한 인간으로 취급한다.
- 남을 괴롭히면서 오히려 자신이 괴롭힘을 당하고 있다고 주장한다.
- 아주 사소한 일이나 일어나지도 않은 일을 가지고 다른 사람을 집요하

게 비난한다.

- 자기반성을 하는 데는 에너지를 쓰지 않고 다른 사람을 비난하는 데 많은 에너지를 쓴다.
- 비난의 표적을 만든다. 대개 개인적인 관계에 있는 사람이나 권위 있는 자리에 있는 사람을 비난의 표적으로 삼는다.
- 비난의 표적을 통제하려고 한다. 자리에서 쫓아내거나 파멸시키려고 한다.
- 비난의 표적을 경제적으로, 법적으로, 물리적으로 공격한다.
- 비난의 표적을 상대로 법적 소송이나 행정 소송을 하기도 한다.
- 자신을 옹호하고 다른 사람을 함께 비난해 줄 '네거티브 옹호자'를 끊임없이 찾는다.
- 네거티브 옹호자가 자신이 원하는 대로 하지 않으면 쉽게 등을 돌린다.
- 사람들에게 충성을 요구한다. 자신이 원하는 행동을 지시하거나 부탁한다.
- 자신은 늘 배신당한 피해자인 척하면서 정작 자신은 다른 사람과의 관계에 충실하게 임하지 않는다.
- 자신의 정보는 숨기고, 다른 사람에게는 비밀을 완전히 공개하라고 요

구한다.

- 자신에게 도움이 된다고 생각하면 다른 사람의 비밀을 거리낌 없이 공개한다.
- 왜 자꾸 사람들이 자신에게 등을 돌리는지 이해하지 못하고 의아하게 생각한다.
- 가족이나 친구에게 별안간 기대고, 관계를 회복하려 한다.
- 친한 친구가 있다고 해도 결국에는 떨어져 나간다.
- 사람들이 자신의 말에 동조해줄 때 외에는 대부분 행복하지 않다고 느낀다.
- 강렬한 매력으로 시작했다가 분노와 비난으로 끝내는 극적인 인간관계를 맺는다.
- 동료나 친구에게 비현실적으로 많은 기대를 하고, 결국 실망한다.
- 자신의 이익에 반하는 행동을 함으로써 스스로를 파괴한다.
- 문제를 해결하려 애썼다고 주장하면서 문제를 일으킨다.
- 자신의 잘못에 대해서도 다른 사람을 탓한다.
- 자제력이 부족하다. 감정과 욕망을 누르고 다스리는 일이 최대 관심사일 때조차도 자제를 못한다.
- 충동적으로 행동한다. 후회할 때도 있고, 그렇지 않을 때도 있다.

• 사람들에게 부탁은 많이 하면서 보답은 하지 않는다.

• 누가 무언가를 부탁하면 관련 없는 대가를 요구하거나 아예 무시한다.

• 주변 사람들을 좋은 사람과 나쁜 사람으로 갈라서 갈등을 일으킨다.

”

어떤 문제가 생겼을 때 갈등을 해소하거나 줄이려고 하는 대부분의 사람과는 달리, 고도갈등 성격의 소유자들은 갈등을 더 심화시키는 방향으로 대응한다. 이들은 비난의 표적을 만들어 집중적으로 공격한다. 비난의 표적을 말로, 감정적으로, 경제적으로 공격할 뿐 아니라 걸핏하면 소송을 걸고 때로는 폭력도 사용한다. 이런 식의 행동이 수개월에서 수년에 걸쳐 이어진다.

고도갈등 성격은 인류 역사에 늘 존재해왔지만 최근에서야 우리는 그들이 어떻게 생각하고 행동하며 무엇이 그들을 자극하는지 이해하기 시작했다.

1부
인식

1 장

내 인생을 망치는 사람들, 그들은 누구일까?

지금 우리에게 이 책이 필요한 이유

젠은 텔레비전 화면 뒤에서 벌어지는 일들을 항상 사랑해왔다. 어릴 때부터 그녀는 텔레비전 방송국에서 일하고 싶어 했다. 그러다 대학 시절, 대도시에 있는 한 방송사에서 인턴으로 일했다. 인턴 생활을 마친 후 그녀는 방송사에서 가장 인기 있는 지역 프로그램 녹화의 방청을 신청했다. 일자리를 줄만한 누군가와 얘기 나누기를 기대하면서 말이다. 프로그램 녹화가 끝났을 때 진행자인 제이슨이 젠에게 말을 걸었다. 쇼에 대해 이야기를 나누자며 뒤에 남아 있으라고 했다.

제이슨은 아주 매력적이었다. 둘은 방송 트렌드와 텔레비전의 미래를 두고 열띤 논의를 펼쳤다. 제이슨은 텔레비전 사업에 대한 젠의 지식에 깊은 인상을 받은 것 같았다. 젠은 일자리를 구하는 데 제이슨이 도움을 줄지도 모른다는 희망을 품었다. 얘기가 끝날 무렵, 제이슨은 젠이 얼마나 예쁜지 말하면서 그녀를 꼭 껴안았다. 나중에 술 한잔하면 좋겠다며 젠에게 문자도 보냈다.

젠은 그를 만나야 할지 망설였다. 제이슨의 집적거리는 행동 때문에 불안했다. 오래 고민한 뒤 친구 사이의 만남은 좋다고 문자를 보냈다. 그러면서 자신의 일자리를 구하는 데 도움을 줄 수 있길 희망한다는 말도 덧붙였다.

제이슨이 답장을 보냈다. 개인적인 친분에는 관심이 없다고, 자신을 일자리 구하는 도구로 사용하지 말라고 했다. 젠은 제이슨이 갑자기 자신을 비판하면서 만남을 취소하자 어안이 벙벙했다. 그녀는 머리를 흔들면서 쓴웃음을 짓고 그와의 만남을 잊었다. 3년 후 젠은 제이슨이 방송사에서 해고를 당했고 함께 일한 여섯 명의 여성을 성폭행한 혐의로 체포되었다는 소식을 접했다.

톰은 카라에게 홀딱 반했다. 그녀는 파티의 주역이었고 톰을 그의 껍질 밖으로 끌어내는 데 특별한 재주를 갖고 있었다. 열렬한 교제 후 그는 그녀가 하자는 대로 약혼하고 결혼했다. 이 모든 일이 단 두 달 만에 일어났다. 톰은 정말 행복했다.

그러나 결혼한 지 3년이 됐을 무렵 카라는 톰을 집에서 쫓아냈고, 거짓 진술을 해 접근금지명령을 받았다. 이후 딸을 보기 위해 7년간 소송을 벌였다. 끔찍한 악몽이 톰을 덮쳤다.

카라는 모든 사람에게 톰에 대해서 거짓말을 했다. 그녀의 말은 상당히 설득력 있어서 대부분 쉽게 믿었다. 톰은 충격에 빠졌다.

폴은 열아홉 살에 총을 들고 편의점에 들어가 350달러를 훔쳐 달아났다. 경찰은 3일 후 그를 체포했다. 폴은 무장 강도로 유죄를 선고 받고 감옥에서 몇 년을 보냈다. 그동안 그는 자신의 삶을 돌아보면서 고교검정고시를 준비해 통과한 후 다른 재소자들을 지도했다.

출소 후 그는 어느 교회에 신자로 등록했다. 교인들은 그를 반겨 주었다. 그 또한 교인들에게 많은 선행을 베풀었다.

폴은 얼마 지나지 않아 멀리 사는 사촌의 집에 불이 났다며 기부금이 필요하다고 말하고 다녔다. 기부금을 걷기 위해 만나는 사람마다 불탄 집 사진을 보여주었다.

얼마 후 신도들은 둘로 나뉘었다. 폴을 믿고 그를 두둔하는 사람들과, 그가 모두에게 사기를 치는 게 아닌지 의심하는 사람들로 말이다. 교인들은 집회에서 서로를 향해 고함을 치기도 했다. 어떤 이는 폴에게 교회를 떠나라고 하면 자신도 교회를 그만둘 거라고 위협했다.

폴은 결국 교회를 나갔다. 그런데 한 기자가 불탄 집 사진이 폴과 아무런 관련이 없다는 것을 알아냈다. 일부 교인들은 그 사실을 받아들이기를 거부하며 교회를 떠났다. 교인들이 마음의 상처를 치유하는 데는 오랜 시간이 걸렸다.

조는 새로운 직원 모니카를 뽑고 들떴다. 그녀는 숫자를 잘 다루는 듯 보였고, 이력도 화려했다. 게다가 모니카와 조는 동일한 민족문화를 공유하고 있었다. 그녀는 믿기지 않을 정도로 이상적이었다.

하지만 입사한 지 1년이 지나자 모니카는 동료들이 자신을 괴롭힌다는 둥, 고객들이 자신을 쫓아오고 이상한 이메일을 보낸다는 둥 불평불만을 터뜨렸다. 조가 자신의 경력을 망가뜨리려고 기를 쓰고 있다고도 주장했다. 이 모든 말은 어떤 것도 사실로 확인되지 않았다.

어쩔 수 없이 조는 그녀를 해고했다. 그 후 모니카는 조가 자신을 차별했다고 주장하며 회사를 고소했다. 모니카는 소송에서 졌다. 그러나 조는 소송 과정에서 겪은 스트레스로 위장 장애를 앓고 당분간 일을 쉬어야만 했다. 조는 더 이상 매니저 일을 할 수 없었다. 그는 자신의 임금을 줄이고 전에 했던 개별 고객 담당 업무로 돌아갔다. 의사의 권유로 항우울제를 복용하기 시작했다.

네이딘은 분노로 가득 차 있었다. 그녀는 자신의 딸 에이미를 향해 소리쳤다. "네가 아빠를 죽였어! 세상이 모른다고 해도 난 알아." 흐느껴 울면서도 그녀는 목소리를 낮추지 않았다. "네 아빠가 원했던 단 한 가지는 네가 가업을 잇는 거였어. 그런데 넌, 이기적인 넌 쓸데없는 다른 일을 하겠다며 아빠 마음에 상처만 줬어. 아빠는 네가 없으면 안 된다는 걸 너도 잘 알고 있었지."

아버지 장례식 바로 다음날의 일이었다. 에이미가 집으로 온 건 일주일 전이다. 아버지에게 심장마비가 왔다는 소식을 듣자마자 곧바로 집으로 왔지만 아버지는 이미 몇 시간 전에 사망한 뒤였다.

네이딘은 모든 일에 항상 극적이었다. 그녀는 울음을 터뜨렸다. "이제 나는 어떻게 해야 하니?" 그녀는 에이미의 팔에 안겨 흐느꼈다. "네가 날 돌봐줄 거지, 그렇지? 아니면 네 아빠한테 한 것처럼 날 버릴 거니?"

지금까지 인간관계에서 극심한 갈등을 일으키는 사람들의 사례를 살펴봤다. 당신은 이런 사람을 만난 적이 없다고 생각하는가? 아니다. 당신은 이미 만났다. 다만 비난의 표적이 되지 않았을 뿐이다.

앞서 말한 이야기는 모두 전형적인 사례다. 누구든 고도갈등 성격의 소유자에게 발목 잡힐 수 있다. 미래의 데이트 상대자, 사장, 직원, 공공기관에 소속된 사람, 심지어 친척이나 친구도 고도갈등 성격의 소유자일지 모른다. 어떻게 이런 사람을 식별할 수 있는지, 어떻게 피할지, 이미 그 사람이 당신 삶의 일부분을 차지하고 있다면 그를 어떻게 대해야 하는지 알아보자. 이를 위해서 우리는 앞으로 더 많은 사례를 살펴볼 것이다. 만일 당신이 고도갈등 성격의 소유자라면 스스로를 어떻게 도울지, 자신의 삶을 파괴하는 걸 어떻게 막을 수 있는지도 얘기할 것이다.

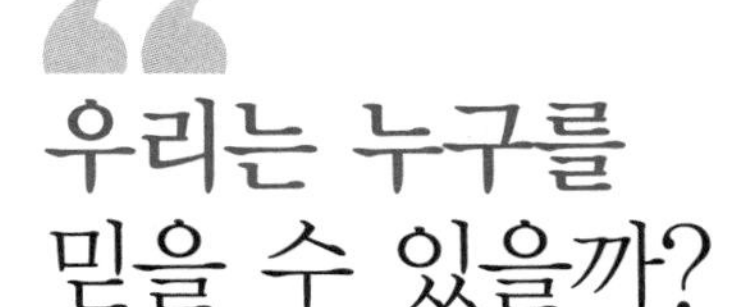

우리는 누구를 믿을 수 있을까?

데이트하고 있는 상대는 믿어도 될까? 새로운 직원은? 투자 상담가는? 보험을 파는 삼촌은? 잘생긴 새 장관은? 텔레비전에 나온 정치인은? 우리는 아주 적은 정보만 가지고 몇 초 안에 결정해야 한다.

다행히 좋은 소식이 있다. 80~90퍼센트의 사람들은 믿을 수 있다는 것이다. 그들은 자신이 말하는 그대로의 사람이고 자신이 말하는 대로 행동하는 사람이며, 우리가 함께 살아가는 데 필요한 사회 규칙들을 대부분 따르는 사람들이다.

그러나 나쁜 소식도 있다. 우리의 인생을 망칠 수 있는 다섯 가지 유형의 인간들이 있다는 것이다. 이들은 우리의 평판을, 자존감을, 일을 망가뜨릴 수 있다. 재정 상태나 건강 혹은 정신도 파괴할 수 있다. 심지어 이들 중 소수는 우리를 죽일 수도 있다.

이런 사람들이 전체 인구의 10퍼센트, 그러니까 열 명 중에 한 명을 차지한다. 북미 대륙에만 3천 5백만 명 이상이 있다. 표적이 될 가능성이 매우 높은 것이다. 지금 당장 이 책을 읽어야 하는 이유다.

이들은 고도갈등 성격high-conflict personality이라고 불리는 극단적인 경우에 해당한다. 갈등을 해소하거나 줄이려고 하는 대부분의 사람과 달리, 고도갈등 성격의 소유자들은 강박적으로 갈등을 더 심화시킨다. 이들은 보통 비난의 표적을 만들어 집중적으로 공격한다. 비난의 표적을 말로, 감정적으로, 경제적으로 공격할 뿐 아니라 평판에 영향을 준다. 걸핏하면 소송을 걸고 때로는 폭력을 사용하기도 한다. 이런 식의 행동이 수개월에서 수년에 걸쳐 이어진다. 사소한 갈등에서 시작되었을지라도 말이다. 비난의 표적은 가까운 사람(동료나 이웃, 친구, 연인이나 가족)이나 권위를 행사할 수 있는 사람(사장, 부서 책임자, 경찰, 공무원)인 경우가 보통이다. 하지만 무작위로 비난의 표적을 삼는 경우도 있다.

고도갈등 성격의 다섯 가지 특징

고도갈등 성격을 가진 사람은 인류 역사에 늘 존재해왔지만 최근에서야 우리는 그들이 어떻게 생각하고 행동하며 무엇이 그들을 자극하는지 이해하기 시작했다.

대부분의 고도갈등 성격의 소유자는 다섯 가지 유형의 성격 장애 중 하나 이상의 특성을 지닌다. 성격 장애는 정신과 전문가들이 정신 질환의 한 종류로 여길 정도로 심각하고 위험한 정서 장애이기도 하다.

고도갈등 성격에서 보이는 성격 장애의 다섯 가지 유형은 앞에서 소개한 사례의 순서대로 다음과 같다.

◇ 자기애성 고도갈등 성격: 첫인상이 아주 매력적인 경우가 많다. 이들은 자신이 다른 사람보다 훨씬 우월하다고 믿는다. 비난의 표적을 무례하게 대하고 창피를 주고 속인다. 공감도 못한다. 또한 모든 사람에게 과도한 관심과 존중을 끊임없이 요구한다.

◇ 경계선 고도갈등 성격: 아주 친절하다가 예기치 않게 화를 내는 식으로 변덕을 부린다. 사소하거나 실제로 일어난 적 없는 냉대와 멸시에 대해서 앙갚음을 할 수도 있다. 비난의 표적에게 육체적인 폭력과 욕설을 가하거나 소송을 하거나 평판을 무너뜨리는 등 악랄하게 공격하기도 한다.

◇ 반사회성 고도갈등 성격: 카리스마가 대단한 경우가 많다. 하지만 이들의 매력은 자신의 욕구를 감추기 위한 위장에 불과하다. 이들은 사람들을 속이고 남의 것을 빼앗고 사람들 앞에서 창피를 주고 육체적으로 다치게 하고 극단적인 경우 살해를 함으로써 타인을 지배하려 든다. 반사회성 고도갈등 성격의 소유자는 냉혹하고 양심의 가책을 전혀 느끼지 않는다고 알려져 있다.

◇ 편집성 고도갈등 성격: 사람들을 극도로 의심하고, 사람들이 자신을 배신할까 봐 끊임없이 두려워한다. 자신을 향해 음모를 꾸민다고 상상하기에 자신이 먼저 해치워야 한다며 비난의 표적을 공격하기도 한다.

◇ 연극성 고도갈등 성격: 흥분을 매우 잘한다. 엉뚱하고 극단적인 이야기나 완전히 거짓인 이야기를 하는 경우가 많다. 주변 사람들, 특히 비난의 표적에게 해를 끼치고 그 사람의 감정을 소진하게 만든다.

성격 장애를 지닌 사람 모두가 고도갈등 성격의 소유자는 아니다. 성격 장애가 있는 사람 모두가 비난의 표적을 만들어 공격하는 건 아니기 때문이다. 대부분은 자기 인생의 희생자가 된 듯한 무력감을 느낄 뿐 특별히 누군가를 비난하지 않는다. 또는 남과 어울리지 않거나, 약물 치료 등을 받으며 일반적으로 받아들여지는 범위 내에서 행동하려고 한다. 길을 지나다가 자동차 유리창을 부수는 것처럼 무작위적으로 파괴적인 행동을 보이는 경우도 있다.

우리의 인생을 망치는 사람은 비난의 표적을 만드는 고도갈등 성격과, 자신의 행동을 되돌아보지 않거나 바꾸려고 하지 않는 성격 장애가 만나 생겨난다. 이 조합이 바로 우리가 탐구할 유형이다.

성격 장애에 고도갈등 성격까지 갖췄다면?

성격 장애는 미국 정신과협회가 만든 《정신장애 진단 및 통계편람 5판Diagnostic and Statistical Manual, Fifth Edition》[1](줄여서 《DSM-5》라고 한다. 정신 질환을 진단하는 데 사용하는 대표적인 진단 기준이다-옮긴이)에 나오는 정신질환의 한 범주이다. 이 책에는 성격 장애가 열 가지로 분류되어 있는데, 이 열 가지는 핵심적인 특징 세 가지를 공유한다.

◇ 대인관계 장애: 다른 사람을 공격하거나 회피하거나 보복하거나 분노를 표현함으로써 대인관계에서 문제를 반복적으로 일으킨다.
◇ 사회적 자기 인식 결여: 자신이 어떻게 갈등을 일으키는지 관심이 없다. 이들은 문제 상황에서 자신이 어떤 부분을 차지하는지도 모르고, 어떻게 문제를 일으키는지도 모른다.
◇ 변화 결여: 다른 사람뿐 아니라 자신에게도 대단히 곤란함에도 불구하고 자신의 행동을 거의 바꾸지 않는다. 스스로를 항상 망친다.

> 옴짝달싹 못 하고 자기 안에 갇히는 것이다. 자신의 행동을 방어하고, 변화를 요구하는 사람들에게 화를 낸다. 변하겠다고 약속하는 이들도 있기는 있다. 실제로 변화하는 경우도 아주 드물게 있다. 그러나 대부분은 자신이 가진 문제를 제대로 파악하지 못하고, 바꾸려고 노력하지 않는다. 그들은 자신에게 일어나는 일들이 '하늘에서 뚝 떨어진 것인 양' 어쩌다 일어난 일이라고 잘못 받아들이고, 자신이 할 수 있는 게 없다고 믿는다. 그들은 늘 자신을 '인생의 희생자'로 생각한다.[2]

《정신장애진단 및 통계편람 5판》에 따르면 15퍼센트의 사람들이 성격 장애의 기준에 부합한다.[3] 대다수는 진단을 받은 적이 없지만, 주변 사람들은 그들에게 문제가 있다는 걸 서서히 인식하게 된다.

정신병원, 외래 환자 진료소, 법률과 중재 업무를 통해 쌓은 내 경험에 비춰보면 성격 장애가 있는 사람들 중 비난의 표적을 만들지 않는 경우는 다른 사람들과 심한 갈등에 빠지지 않는다. 그저 심한 무력감에 빠질 뿐이다. 그리고 고도갈등 성격의 소유자들 중에는 성격 장애가 없는 사람들도 있다. 물론 이들도 성격 장애의 특징을 일부 갖고 있긴 하다. 이 경우는 심하게 화를 낸다거나 자신의 뜻대로 하려고 하거나 남을 속이지는 않아서 덜 까다롭고, 며칠에서 수주가 지나면 비난의 표적을 건드리지 않는다.

그러나 우리가 신경을 써야 하는 사람은 10퍼센트, 그러니까 열 명 중 한 명인데, 이들에게는 비난의 표적도 있고 성격 장애도 있다.

이들은 비난의 표적에 너무 집착한 나머지 그들을 놔줄 수도, 자신을 멈출 수도, 자신을 바꿀 수도 없어서 결국에는 여러 인생을 망가뜨리고 만다.

우리가 살펴볼 유형의 사람들이 공통적으로 가지는 특징은 다음과 같다.

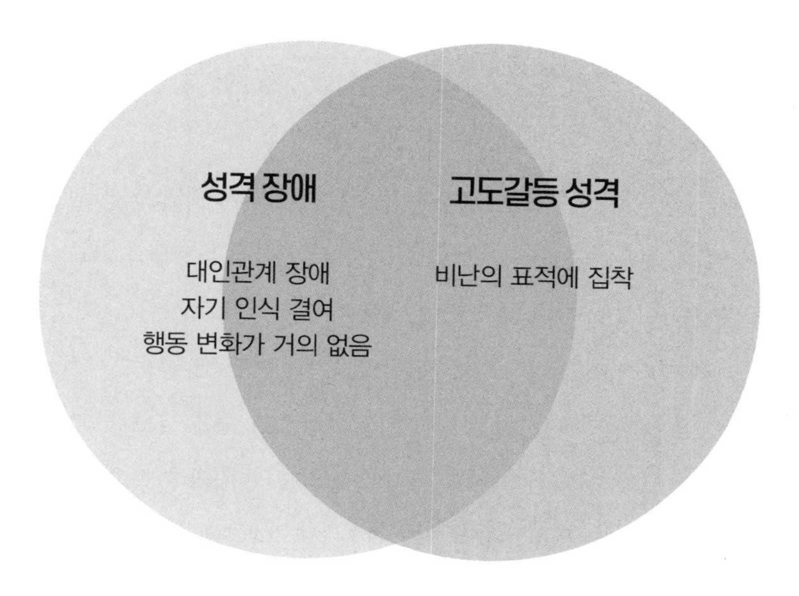

만일 당신이 이러한 특징을 가진 누군가와 마주친다면 피해야 한다. 피할 수 없다면 어떻게 마주할지를 알아야 한다. 만약 그런 사람들을 피하거나 훌륭히 대한다면, 당신은 어마어마한 마음의 고통과 어려움으로부터 스스로를 구할 수 있게 된다. 심지어 당신의 평판과 온전한 정신, 당신의 인생까지 구할 수 있다.

고도갈등 성격의 네 가지 특징

고도갈등 성격의 사람들은 놀라울 정도로 예측이 가능하다. 경계 징후를 알기만 하면 말이다. 그들은 아주 위험할 수 있기 때문에 그들에 대한 기본 지식을 숙지하는 것이 좋다. 그리 복잡하지도 않다. 패턴을 알아보기만 하면 된다.

고도갈등 성격을 가진 사람들은 일반적으로 좁은 사고와 감정과 행동을 보인다. 상황이 다르고 사람이 달라도 계속해서 같은 방식으로 행동한다는 얘기다.[4] 이런 식의 행동 패턴 때문에 그들은 보통 사람들보다 좀 더 예측이 가능하다. 그래서 고도갈등 성격을 가진 사람은 찾아내기가 수월하다.

고도갈등 성격을 알아보는 데 있어서 가장 중요하고 쉬운 특징 중 하나는 그들이 갈등을 줄이거나 해소하려고 하지 않는다는 점이다. 비록 그들이 그렇게 하겠다고 말을 한다 해도 그렇다. 고도갈등 성격의 사람은 갈등을 해결하기보다 심화시키는 행동 패턴을 보이기 때문에 우리는 경계 징후를 찾을 수 있다. 때로는 고함치고 도망가고 폭력을 휘두르는 식으로 갈등을 갑자기 끌어올리기도 한다. 수개월이나 수년 동안 갈등을 지속하면서 사람들을 끌어들이기도 한다.

당신은 고도갈등 성격의 소유자에게 갈등의 원인으로 보이는 문제가 실제 이유가 아니라는 점을 알아야 한다. 그 문제는 진짜 문제가 아니다. 심각한 갈등을 일으키는 그들의 행동 패턴이 진짜 문제다.

고도갈등 성격의 사람들이 보이는 행동 패턴의 네 가지 주요 특징은 다음과 같다.

◇ 모 아니면 도 식의 사고
◇ 감정 통제 불능
◇ 극단적인 행동과 위협
◇ 타인(비난의 표적)을 집요하게 비난

1. 모 아니면 도 식의 사고

고도갈등 성격의 소유자는 갈등을 단 하나의 간단한 해법으로만 바라보는 경향이 있다. 모든 이가 그가 원하는 대로 행동해야 한다는 식이다. 그들은 상황을 분석하고 다른 견해를 들어보고 다양한 해법을 고려하는 일을 못한다. 어쩌면 그들은 아예 그렇게 할 수 없는 듯하다. 타협하고 융통성을 발휘하는 것은 그들에게 불가능해 보인다. 고도갈등 성격의 소유자는 일이 자기 방식대로 돌아가지 않으면 자신이 살아갈 수 없다고 느끼는 경우가 많다. 만일 다른 사람이 자신이 원하는 방식대로 일을 처리하지 않거나 반응하지 않으면 그들은 죽음이나 사고, 파멸과 같은 극단적인 결과를 예상한다. 친구가 사소한 문제로 고도갈등 성격의 소유자와 의견을 달리할 경우 그는 모 아니면 도 식의 전형적인 반응을 보이며 그 자리에서 우정을 깨버린다.

2. 감정 통제 불능

고도갈등 성격의 소유자는 자신의 견해에 대해서 매우 감정적인 경향이 있다. 그들은 종종 치솟는 분노나 슬픔을 갑작스럽게 표출하거나 고함을 지르고 무례하게 행동해서 사람들을 놀라게 하며 주목을 받는다. 그들의 반응은 무슨 일이 벌어지고 있는지, 어떤 말이 오가는지와 상관없는 경우가 많고, 자기 감정을 제대로 통제하지 못하는 경우가 많다. 나중에 자신의 극단적인 감정 표현에 대해 후회하기도 하지만, 대체로 상황에 완전히 부합했다며 자신의 감정을 옹호하고 다른 사람도 자신과 같은 식으로 느끼기를 요구한다.

일부 고도갈등 성격의 소유자는 자신의 감정적인 반응 때문에 계속 심란해하기도 하지만 그렇다고 반드시 겉으로 드러내는 건 아니다. 대신 자신의 과거 행동을 옹호하면서 다른 사람 탓으로 돌리는 데 열중한다. 그럴 때 그는 아주 이성적으로 보일 수도 있지만 그가 말하고자 하는 것은 오로지 과거일 뿐이다. 다른 사람들이 자신을 불공평하게 대했다거나 자신은 인생의 희생자라는 식의 생각에만 몰두한다. 자신의 얘기를 들어주는 사람이 있으면 누구에게든 이런 행동을 계속한다. 현재와 미래에 집중하기보단 말이다.

3. 극단적인 행동과 위협

고도갈등 성격의 소유자는 아주 나쁜 행동을 하는 경우가 있다. 누군가를 밀치거나 때리기도 하고, 그 사람에 대해 노골적인 거짓말과 소문을 퍼트리거나 그 사람에게 과도한 접촉을 하고 일거수일투족을 간섭한다. 그가 고도갈등 성격의 소유자의 반응에 상당한 영향을 받고 있는 상황임에도 그와의 만남을 아예 거부하기도 한다. 이런 식의 극단적인 행동은 대개 고도갈등 성격의 소유자가 자신의 감정을 통제하지 못하는 게 원인이다. 물건을 갑자기 던진다거나 가장 좋아하는 사람에게 폭언을 한다. 주변에 있는 가까운 사람을 통제하거나 지배하려는 강한 충동 때문일 수도 있다. 개인 물품을 숨기거나 억지로 대화를 시도하거나 자신에게 동의하지 않을 경우 극단적인 행동으로 협박을 하거나 육체적으로 학대를 하는 식이다.

일부 고도갈등 성격의 소유자는 해칠 목적을 갖고 다른 사람을 감정적으로 조종한다. 그들이 다른 사람을 조종할 때는 마음을 잘 통제하는 것처럼 보인다. 그들의 행동은 눈에 띄지 않게 분노와 두려움, 고통과 혼란을 일으킨다. 그들은 차분하고 침착해 보이기도 한다. 그러나 그들의 감정적인 조종은 사람들을 밀어내기 때문에 결국 그들은 자신이 최종적으로 원하는 것을 얻지 못한다. 자신의 행동이 다른 사람의 감정을 얼마나 망가뜨리고 지치게 하는지 전혀 모르는 경우가 많다.

4. 타인을 집요하게 비난

고도갈등 성격의 소유자가 가진 가장 일반적이고 분명한 특징은 다른 사람들을 자주 극심하게 비난한다는 점이다. 특히 주변의 가까운 사람이나 자신보다 직위가 높은 자리에 있는 사람을 비난한다. 그들은 자신의 비난의 표적이 한 모든 일에 대해서 공격하고 비난하고 오점을 찾아낸다. 그와 동시에 스스로는 비난받을 일을 전혀 하지 않았으며 따라서 발생한 문제에 대해 자신은 어떤 책임도 없다고 생각한다. 만약 당신이 고도갈등 성격의 소유자에게 비난의 표적이 되어본 적이 있다면 무슨 말인지 이해할 것이다.

고도갈등 성격의 소유자는 온라인상에서 자신이 아는 사람이건 모르는 사람이건 화를 내며 비난하는 경향이 있다. 온라인상에서는 사람들과 떨어져 있어서 안전하며 힘을 갖고 있다고 느끼기 때문이다. 그들은 모르는 사람을 밥 먹듯이 비난하는데, 그것이 쉬운 일이기 때문이다.

만일 당신이 아는 누군가가 앞에서 얘기한 위험 징후들을 한 가지 이상 보인다면 그 사람을 조심해야 한다. 만일 이 네 가지 특징 모두가 보인다면 그 사람은 고도갈등 성격일 가능성이 매우 높다(책의 맨 앞에 고도갈등 성격의 40가지 특징이 나와 있다).

어쩌면 당신은 고도갈등 성격의 특징을 보이는 누군가를 이미 알고 있을지도 모른다. 만일 그렇다면 그 사람이 고도갈등 성격을 갖고 있거나 성격 장애를 갖고 있는 게 아무리 분명해 보여도 다른 사람에게는 절대 그런 말을 해선 안 된다. 그랬다가는 그 사람이 당신의 말을 공격으로 간주하고 앞으로 몇 년 동안 당신을 핵심적인 비난의 표적으로 삼을 것이다. 그 사람의 관점에서 당신은 "당신이 할 수 있는 모든 것을 동원해 내 인생을 제발 망가뜨려주세요."하고 말한 것과 같다. 그 사람이 고도갈등 성격의 소유자라는 당신의 믿음을 그를 공격하는 수단으로도 절대 사용하지 말자.

어떻게 그들을 알아볼 수 있을까?

세상 물정을 모르는 어리숙한 사람이나 아주 나쁜 한 주를 보내 짜증에 차 있는 사람이 아니라 고도갈등 성격의 소유자임을 알려주는 징후로는 무엇이 있을까? 그들의 말과 행동, 그리고 그들의 행동에 대한 우리 자신의 감정적 반응을 살펴봐야 한다.

1. 위협할 때 쓰는 말이나 극단적인 표현에 귀 기울이기

우리는 말과 글에서 단서를 찾을 수 있다. 사업상의 분쟁을 해결하기 위한 법적 조정이 열리기 전, 상대방 쪽 변호사에게 실제로 보낸 다음의 문자를 살펴보자.

> 나는 온몸을 바쳐 당신을 쫓아다닐 거고, 당신이 횡령을 모의한 혐의로 교도소에 들어가는 걸 볼 때까지 멈추지 않을 거요.[5]

이 문자는 단순하고 간결한 글처럼 보일 수도 있다. 그러나 상당히 과격한 문자다. 감정이 고조된 상태에서 보냈을 가능성이 높다. 단 한 번 이렇게 문자를 보내온 것이라면 별일 아닐지 모른다. 그러나 실제로 벌어진 일은 그렇지 않았다. 문자를 보낸 남자는 조정이 있기 전 몇 주 동안 계속해서 그 변호사에게 악담을 퍼붓고 위협을 했다. 게다가 그는 과거에도 사람들을 고소한 적이 있었다. 이는 고도갈등 행동의 패턴이다. 뿐만 아니라 문자 하나에 고도갈등 성격의 네 가지 핵심적인 특징이 모두 나타난다. 모 아니면 도 식으로 사고하고("온몸을 바쳐"), 통제 불능의 과격한 감정("멈추지 않을 거요."), 극단적인 행동과 위협을 보이며("당신이 교도소에 들어가는 걸 볼 때까지"), 타인을 집요하게 비난한다("나는 당신을 쫓아다닐 거고").

문자를 보내고 일주일 후 남자는 어느 중재자의 사무실에서 열린 조정에 참석했다. 그 자리에는 그와 다툼 중인 회사 대표와 변호사, 그러니까 그의 문자를 받은 당사자가 자리하고 있었다. 조정이 끝나자마자 그 남자는 회사 대표와 변호사를 총을 쏘아서 살해했다.

2. 강렬한 반응에 대한 나의 감정 살펴보기

누군가의 과격한 발언을 들으면 불편하거나 위협을 느끼거나 몸서리가 쳐지기도 한다. 이때 자신이 느낀 감정에 세심한 주의를 기울여보자.

《서늘한 신호The Gift of Fear》[6]에서 개빈 드 베커Gavin de Becker는 우리의 뇌가 사고하기 전에 감정이 분명한 경계 징후를 보이는 경우가 많다고 말한다. 그는 사람들이 두려움을 느낀 후 자신을 보호하려는 행동을 한 덕분에 생명을 위협하는 상황을 피한 여러 사례를 제시한다.

누군가가 내 앞에 있을 때 도망치고 싶다거나 싸우고 싶다거나 얼어붙어버리는 갑작스런 감정적 충동이 뇌가 사고하는 것과 맞아 떨어지지 않는 경우에는 더욱 그렇다. 두려움을 느낄 때마다 곧바로 행동을 취하지는 않더라도, 그때 느낀 자신의 감정과 그 감정을 일으킨 사람에게 주의를 기울여야 한다. 실제로 자신이 위험한 상황에 처한 건 아닌지 신중하게 판단해야 한다. 조만간 일어날 일을 알아차릴 수 있는가? 당신 앞에 있는 사람이 고도갈등 성격의 소유자인지 알아볼 수 있는가? 고도갈등 성격의 네 가지 핵심적인 특징을 보이는지 살펴보며 주의 깊게 관찰해야 한다.

다음은 고도갈등 성격에 대해서 흔히 겪는 경험이다. 당신은 어떤 사람에게 "그(비난의 표적)는 정말 이상한 사람이다."라고 한 말을 들었고, 당신도 그 사람의 비난의 표적에게 부정적인 감정을 갖기 시작한다. 이때의 부정적 감정이 당신 앞에서 이런 감정을 표현한 누군가로부터 비롯된 것이든, 그 사람의 행동에 대한 반응으로 생겨난 것이든 자기 내부에서 일어나는 감정을 살펴봐야 한다. 고도갈등 성격의 소유자와 마주하고 있음을 알려주는 징후일 가능성이 높기 때문이다.

3. 고도갈등 전력 찾아보기

행동 패턴은 시간이 지나면서 나타난다. 만약 한 사람을 여러 주나 여러 달 동안 관찰하면서 고도갈등 성격의 네 가지 주요 특징이 드러나는지 지켜본다면 당신은 그에 대해서 제대로 된 판단을 내릴 가능성이 높다.

만약 그 사람이 실제로 고도갈등 성격이라면 그의 현재와 과거 행동은 미래 행동을 내다볼 수 있는 매우 강력한 단서가 될 것이다. 특히 과거에 대한 정보는 당신에게 많은 것을 알려준다. 일단 그 사람에 대해서 인터넷으로 검색해보자. 그 사람을 아는 사람들에게 그에 대해서 어떻게 생각하는지 지나가는 말로 물어보자. 그리고 어떤 우려할 만한 패턴이 나타나는지 확인해야 한다. 법원 기록은 보통 공개되어 있는데, 이것도 찾아봐야 한다. 고도갈등 성격일 경우 일반 사람들보다 법정에 설 일이 많기 때문이다. 자신에게 나쁜 일을 했다며 다른 사람을 고소한 원고로, 아니면 다른 사람을 해친 혐의의 피고로서 말이다.

많은 고도갈등 성격의 소유자는 다른 사람 앞에서 자신의 부정적인 행동을 몇 달에서 1년여까지 숨기기도 한다. 하지만 그 이상 길게 숨기는 경우는 거의 없다. 결국에는 사람들과의 관계 속에서 그들의 고도갈등 행동이 드러나고 만다(바로 이 점 때문에 나는 연애를 시작하는 사람들에게 최소 1년을 기다렸다가 결혼하거나 동거하거나 아이를 가지라고 강하게 조언한다).

톰과 카라의 이야기를 기억하는가? 둘은 데이트를 시작한 지 두 달 만에 카라의 고집으로 결혼했다. 처음에 톰이 주저하며 망설이자 카라는 그가 결혼을 겁낸다며 불만을 터뜨렸다. 한 달 후 카라는 임신을 했다. 딸 로라가 태어났을 때 톰과 카라는 서로를 알게 된 지 1년 정도 밖에 안 된 상황이었다.

아이를 낳은 후에 그 둘은 더 가까워지지 않았다. 카라는 엄마가 되는 것에 무관심했다. 남을 비난하고 불평하는 예전의 모습으로 다시 돌아갔다. 아기와 온종일 집에는 지내는 건 자신을 비참하고 우울하게 만들기 때문에 자신이 짜증을 내는 건 당연하다고 주장했다.

그녀에 대한 경계 징후는 없었을까? 톰의 망설임 따위는 무시하면서 결혼을 서두른 일이 눈에 띈다. 결혼은 동등한 관계에서 이뤄져야 하는 일이다. 또한 카라는 다른 사람을 비난하는 데 집착했다. 이는 고도갈등 성격의 강력한 경계 신호다. 이런 행동 패턴은 결혼을 한다고 해서 바뀌지 않는다. 결혼을 하고 나면 더 심해지는 경우가 많다.

90퍼센트의 규칙

단 한 번의 일로 고도갈등 성격의 소유자를 재빨리 알아볼 수 있는 방법은 없을까? 고도갈등 성격을 가진 사람들의 상당수는 90퍼센트의 사람들이 결코 하지 않는 일을 한다. 예를 들면 다음과 같다.

◇ 단지 피곤하고 스트레스를 받는다는 이유로 아무나 때린다.

◇ 사소한 비밀을 지키지 않았다는 이유로 남들 앞에서 무자비하게 창피를 준다.

◇ 아이가 규칙을 어겼다는 이유로 아이가 좋아하는 추억의 물건을 부숴버린다.

◇ 공항의 티켓 구매 창구에 늘어선 줄의 맨 앞으로 걸어가서 즉시 자기 요구 사항을 들어 달라고 하고 이미 창구에 있는 손님에게는 "나를 믿어요. 내가 당신보다 훨씬 중요한 사람이에요."라고 말한다.

◇ 모임 후에 누군가를 강하게 포옹한다.

◇ 정기 직원 모임에서 큰소리로 갑자기 고함을 지른다.

이런 행동들은 정당화하기 힘들다. 90퍼센트의 사람들이 이런 행동을 보인 적이 있는가? 나는 이를 '90퍼센트의 규칙'이라고 부른다. 극단적으로 부정적인 무언가를 본다면 그때 자신에게 물어보자. 90퍼센트의 사람들이 이런 일을 한 적이 있나? 대답이 "아니요."라면 대개의 경우 당신은 고도갈등 성격의 소유자를 목격하고 있는 것이다.

《서늘한 신호》를 보면 자기 머리에 총을 들이댄 남편에게 접근금지명령을 청구한 여성의 이야기가 나온다. 그녀는 남편이 다시는 안 그런다고 약속한다면 그에게 돌아가겠다고 경찰에게 말한다. 하지만 그 경찰은 남편이 다시 그럴 것이고 다음번에는 그녀를 죽일 수도 있다고 말한다.

그 경찰은 어떻게 알았던 걸까? 나는 그 경찰이 90퍼센트의 규칙을 적용했을 거라고 생각한다. 90퍼센트의 사람들은 배우자의 머리에 총을 들이대지 않는다. 이 같은 극단적인 행동에는 대부분 고도갈등 성격이 깔려 있다.

여기 또 다른 사례가 있다. 세 명의 어린아이를 둔 여자가 이혼 후 갑자기 사라져서는 1년 이상 가족들과 연락을 완전히 끊고 지냈다. 그러다가 갑자기 나타나서는 전남편과 아이들을 자주 만나기 시작했다. 얼마 지나지 않아서 일이 뜻대로 풀리지 않자 그녀는 전남편을 상대로 아이의 양육권을 두고 가정법원을 찾았다. 심리가 며칠 안 남았을 때, 그녀는 다시 사라졌다. 이번에는 아이들을 데리고서 말이다. 이혼한 부모의 90퍼센트는 갑자기 사라져서 1년 동안 연락을 완전히 끊고 지내다가 다시 나타나는 일 따위는 하지 않는다.

고도갈등 성격을 판별하는 기준

누군가의 행동에서 확실하지는 않지만 고도갈등 행동 패턴이 보이기 시작한다면 어떻게 해야 할까? 고도갈등 성격인지 평가할 때 기억하기 쉬운 방법이 있다. 나는 이 방법을 WEB법이라고 명명했다. 그 사람의 말(Words)과 이에 대한 우리의 감정(Emotions)과 그 사람의 행동(Behavior)을 관찰하는 것이다.

1. 말(W) : 그 사람의 말이 고도갈등 성격 패턴에 부합하는가?

다른 사람을 집요하게 비난하는가? 모 아니면 도 식의 사고를 자주 하는가? 예를 들어 "내 말을 듣든가, 아니면 죽든가." 또는 "거기에 속한 모두가 싫어! 그렇지 않아?"라고 말하는가? 자신의 감정을 전달하는 데 어려움을 느끼는 사람인가? 예를 들어 누군가에게 자신이 얼마나 딱한 처지에 있는지를 얘기하거나 자신과 대화를 하자고 애원하는 식의 문자를 수십 통씩 보내는가? 강하게 위협하는 경우가 자주 있는가?

2. 감정(E) : 그 사람 주변에 있으면 당신은 어떤 기분이 드는가?

그 사람이 가까이 있을 때 당신은 두렵거나 불안한 기분이 드는가? 무능하거나 굴욕적인 기분이 드는가? 무력하거나 절망적인 기분이 드는가? 혼자인 것 같거나, 고립되어 있다거나, 수치스러운 기분이 드는가? 그 사람의 행동과 말과 관련해 자신을 비난하는 경우가 많은가? 자기 기분에서 벗어나거나 자기 기분을 가라앉히려고 애쓰는가? 그 사람에게 마음이 너무 많이 사로잡혀 있다는 기분이 드는가? 그 사람의 삶에 자신이 중심적인 위치를 차지한다는 기분이 드는가? 그 사람이 스스로를 무력한 희생자로 느끼는 데 대해 엄청 미안한 기분이 드는가?

3. 행동(B) : 그 사람이 극단적으로 행동해왔는가?

90퍼센트의 사람들이라면 그 사람처럼 할까? 그 사람이 당신을 극단적인 방식으로 대하는가? 그 사람이 다른 사람들을 극단적인 방식으로 대하는 것을 본 적이 있는가?

극단적인 말과 행동을 스트레스나 특이한 상황 때문이라면서 정당화하려는 변명을 경계해야 한다. 어떠한 변명도 무시하고 90퍼센트의 규칙을 적용해보자. 누군가를 잘못 고용한다거나, 누군가와 데이트를 잘못한다거나, 누군가와 결혼을 잘못한다거나, 누군가에게 표를 잘못 던져서 인생을 망치는 일을 피할 수 있다.

앞으로 고도갈등 성격의 다섯 가지 유형을 자세하게 들여다볼 것이다. 어떻게 그들을 알아볼지, 어떻게 피할지, 어떻게 마주할지를 배우며 그들로부터 우리 자신을 보호하자.

고도갈등 성격의 소유자를 대하는 법

만약 고도갈등 성격의 소유자를 마주해야 한다면, 내가 개발한 CARS법[7]을 써보기를 추천한다. 네 가지로 구성된 이 방법은 고도갈등 성격의 소유자를 다루는 데 도움이 된다.

연결하기(Connect) : 공감과 관심과 존중으로 연결하라.
분석하기(Analyze) : 다른 대안이나 방안을 분석하라.
반응하기(Respond) : 잘못된 정보나 적개심에 반응하라.
선 긋기(Set limits) : 고도갈등 행동에 대해 선을 그어라.

이제부터 이 방법을 다섯 가지 유형에 각각 어떻게 적용하면 되는지 설명할 것이다. 그러나 그전에, 당신의 삶에 이미 고도갈등 성격의 소유자가 들어와 있다면 그 사람의 비난의 표적이 되는 걸 어떻게 피할 수 있는지 먼저 살펴보자.

아이러니하게도, 우리는 다른 사람은 쉽게 믿으면서 자신은 잘 믿지 못한다. 누군가와 다퉜을 때 우리는 먼저 자신에게 문제가 있나 따져본다. '내가 뭘 잘못 말했나?' '불쾌하고 바보 같은 짓을 했던 걸까?' '다음에는 어떻게 해야 할까?' 이런 특성 덕분에 우리는 학습하고 변화하고 성장한다. 그러나 고도갈등 성격의 소유자들을 대할 때는 이런 특성이 오히려 우리를 곤란하게 한다. 자신보다 고도갈등 성격의 소유자를 더 신뢰할 때는 특히 그렇다.

1부
인식

2 장

그는 왜 하필 나를 괴롭히기로 했을까?

당신이 알아야 할 네 가지 사실

일반적으로 고도갈등 성격의 사람들은 가까운 사람이나 권위 있는 자리의 사람을 표적으로 선택한다. 가까운 관계나 상하 관계에서, 우리는 우리 삶 속으로 끌어들이고 싶은 사람을 만나기 마련이다. 또 그 사람에 대해서 잘 알지도 못한 상태에서 친해지기 일쑤이다.

고도갈등 행동으로부터 벗어나고 피하는 법은 병을 예방하는 법과 같다. 고도갈등 성격 패턴에 대한 지식을 쌓아 스스로에게 예방주사를 놓음으로써 누군가의 비난의 표적이 되는 것으로부터 스스로를 보호할 수 있다. 나는 이를 '성격 인지personality awareness'라고 부른다.

성격 인지를 통해 당신은 사람들을 대하는 데 좀 더 자신감을 가지게 될 것이다. 고도갈등 성격의 소유자로부터 극심한 괴롭힘을 당하기 전에 위험한 성격 패턴의 경계 징후를 어떻게 파악할 수 있을지 알게 될 것이기 때문이다.

당신은 성격 인지 능력을 갖고 있어야 한다. 그래야 잠재적인 고도갈등 성격의 소유자에게 걸려들지 않으면서 그 사람을 대하고 그 사람으로부터 자신을 지키는 일이 가능해진다. 나는 새로운 사람이 당신의 삶에 들어올 때 쓸 수 있는, 사람을 평가하는 몇 가지 간단한 방법과 당신이 고도갈등 성격의 소유자와 마주하고 있다고 느낄 때 쓸 수 있는 성격 인지 능력을 어떻게 개발할 수 있는지 보여줄 것이다. 이 지식은 사회 구성원 모두에게 도움이 될 것이고, 고도갈등 성격의 소유자들이 순진한 사람들의 신뢰를 얻음으로써 생기는 피해를 줄일 수 있을 것이다. 고도갈등 성격에 대해 당신이 알아야 할 네 가지는 다음과 같다.

첫째, 1장에서 언급한 다섯 가지 유형의 성격 장애 중 어느 하나라도 가진 사람은 어느 경제, 사회, 정치, 민족 집단에든 존재한다. 고도갈등 성격의 소유자는 특정한 배경과 출신에 속한다고 말할 수 없다. 예를 들어 한 고도갈등 성격의 소유자가 있을 때 우리는 그 사람의 직업이나 주변 사람들이 신뢰하는 정도를 통해 그 사람을 판단할 수 없다. 실제로는 명망 높은 지도자나 도움을 주는 직종(교사, 의사, 성직자, 치료사, 간호사 등)에 속한 사람들이 다른 직종의 사람들보다 성격 장애를 지녔을 가능성이 조금 더 높을 수 있다. 이러한 사람들은 일반적으로 사람들과 친밀한 관계를 갖고, 권위 있는 위치에서 나오는 매력이 있기 때문이다.

둘째, 연구에 따르면 고도갈등 성격의 비율이 점점 증가하고 있다. 이는 당신이 비난의 표적이 될 가능성이 높아지고 있다는 것을 의미한다.[1]

셋째, 고도갈등 성격의 소유자들은 보통 사람과 다르게 생각하고 행동하기 때문에 그들을 대하는 방법은 일반적으로 갈등을 해소하는 데 쓰는 것과 달라야 한다.

넷째, 고도갈등 성격의 소유자가 태어날 때부터 사악한 인간인 건 아니다. 그들을 사악한 인간으로 판단하고선 인간 사회에서 추방시키려고 해서는 안 된다. 성격 장애를 갖고 태어난 경우도 있고, 어린 시절 심한 학대를 받았거나 응석받이로 자라난 탓에 성격 장애가 생겨난 경우도 있다.

일부 고도갈등 성격의 소유자들은 적절한 치료를 받아서 생산적이고 만족스런 삶을 이끌어갈 정도로 변화하기도 한다. 그러나 도움을 받을 수 없는 사람들에 대해서는, 그들이 일으키는 피해를 줄이기 위해서 모두 함께 노력해야 한다.

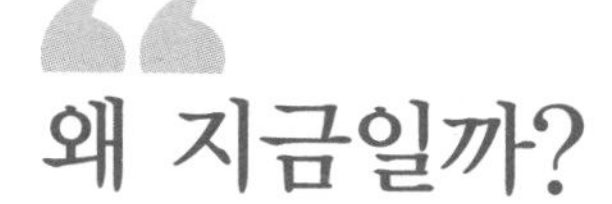

왜 지금일까?

과도하고 급격한 세상의 변화로 인해 우리는 우리가 만나는 사람들이 누구인지를 이전보다 덜 알게 되었고, 그들로부터 더 쉽게 공격을 받게 되었다.

◇ 우리는 서로의 개인사를 모른다. 오늘날 사람들은 어마어마한 유동성을 갖고 있고 그만큼 우리는 개인화된 사회 속에 살고 있다. 그러나 우리에게는 여전히 주변에 다른 사람들이 있어야 한다. 그런 까닭에서 우리는 데이트를 하든, 학교를 다니든, 직장을 다니든, 집수리할 사람을 부르든, 교회에 나가든, 자원봉사에 참여하든, 투자를 하든, 운동을 하든, 그밖에 무슨 일이든지 자신의 삶에 새로운 사람을 끊임없이 끌어들인다.

그러나 우리가 만나는 대다수의 사람이 어떻게 살아왔는지를, 즉 그들의 개인사를 잘 알지 못한다. 그들의 평판이나 과거의 인간관계, 그들 스스로 우리에게 말해주는 것 말고는 알지 못한다. 개인사에 대한 정보 없이 표면적으로 드러나는 것만으로는 누군가를 믿을지 말지 확신할 수 없다. 물론 온라인을 통해 확인해볼 수 있지만 그 정보가 정확한지 아닌지를 언제나 판단할 수 있는 것도 아니다.

◇ 가족과 지역 사회의 끈이 점점 약해지고 있다. 예전에는 지역에 사는 사람들과 이웃, 친척들까지도 알고 지내서 서로의 일을 신경 쓰며 살았다. 이는 낯선 사람이나 잠재적인 위험 인물에 어떻게 대처할지 공유했다는 뜻이다.
게다가 누구나 정보를 얻고 싶은 사람의 지인을 알고 있었다. 소문은 누구를 피해야 할지, 그 사람에게 어떻게 처신해야 할지를 알려주는 도구였다. 대가족과 지역 사회는 고도갈등 성격의 소유자를 걸러내고 그들로부터 다른 사람들을 보호하는 데 아주 유용했다. 그러나 개인화된 현대 사회에서 우리는 독립적으로 살아가고 있기 때문에 사람들에 대해 판별하고 걸러내는 모든 일을 스스로 해야 한다.

◇ 우리 모두는 조작된 전자 정보에 속고 있다. 온라인상에서는 얼마 안 되는 노력만으로도 누구나 자신의 정체를 숨기고 전혀 다른 사람인 척할 수 있다. 자신에 대해 잘못된 정보를 사용하는 사람이 많다. 매력적이지만 조작된 사진이나 인상적이지만 가짜인 이력서, 당신을 감동시키지만 나중에 거짓으로 드러나는 슬픈 이야기를 통해서 말이다.

◇ 영화나 드라마가 현실을 왜곡해서 보여준다. 고도갈등 성격의 소

유자처럼 행동하다가 확 달라지는 사람의 이야기를 통해 마음을 끌어당기는 드라마나 영화가 많다. 우리는 이런 내용을 즐겨 본다. 작품 속의 인물들은 새로운 통찰력을 얻고 자신의 행동을 바꾼다. 전보다 현명해지고 친절한 사람으로 개과천선하면서 끝을 장식한다. 그러나 이는 우리가 현실을 바라보는 시각을 왜곡할 뿐이다. 고도갈등 성격의 소유자가 영화나 드라마에서처럼 통찰력을 갖고 자신을 바꾸는 경우는 실제로는 거의 없다. 주변의 모든 사람이 아무리 노력한다 해도 말이다.

인간 본성이 약점이 된다

현대의 이 네 가지 문화적 변화에 인간 본성이 결합하면 잠재적으로 위험하다. 우리는 쉽게 조종당하고 비난의 표적이 되기 때문이다.

◇ 인간은 다른 인간을 신뢰하는 경향이 있다. 여러 연구에 따르면 인간은 인간을 불신하기보다 지나치게 신뢰하는 편이다. 누군가가 도움이 필요하다고 요청할 때 특히 더 그렇다.[2] 불행하게도, 이런 건전한 특성 때문에 희생자인 척하면서 끊임없이 감정적으로 도움을 요청하는 고도갈등 성격의 소유자들에게 마음이 약해진다.

◇ 인간은 동일한 그룹에 속한 사람을 더 잘 믿는다. 여러 뇌 연구에 따르면, 우리는 유아기 때부터 자신의 배경과 문화를 바탕으로 사람들을 정형화한다.[3] 자신과 같은 민족이거나 인종, 동일한 정치적

성향을 가졌거나 동일한 문화를 가진 무리에 속한 사람을 과하게 믿는 편이다.[4] 그러나 그들 가운데 10퍼센트는 신뢰해선 안 된다. 반면에 다른 무리에 속한 사람들에 대해서는 잘 믿지 않는다. 하지만 그들 중 90퍼센트는 믿을 수 있다.

◇ 인간은 자신의 감정을 믿는 경향이 있다. 정서적 관계는 인류의 가장 강한 욕구 중 하나다. 인간은 언제나 사랑받고, 호감을 얻고, 존경을 받고 싶어 한다.[5] 그런데 우리의 인생을 망칠 수 있는 사람들이 가진 핵심 기술 중 하나가 바로 감정을 조종하는 것이다. 우리는 그런 사람들에게 쉽게 빠져든다. 그들의 이야기에 감명을 받는다. 그들의 매력과 우리를 향한 그들의 관심 때문에 우리는 쉽게 설득당할 것이다.

◇ 인간은 자신의 행동을 믿지 않는다. 아이러니하게도, 다른 사람은 쉽게 믿으면서도 자신은 잘 믿지 못한다. 누군가와 다퉜을 때 우리는 먼저 자신에게 문제가 있나 따져본다. 내가 뭘 잘못 말했나? 불쾌하고 바보 같은 짓을 했던 걸까? 다음에는 어떻게 해야 할까? 이런 특성 덕분에 우리는 학습하고 변화하고 성장한다. 그러나 고도갈등 성격의 소유자들을 대할 때는 이런 특성이 오히려 우리를 곤란하게 한다. 자신보다 고도갈등 성격의 소유자를 더 신뢰할 때는 특히 그렇다.

이는 모두 인간의 특성이다. 이렇게 반응한다 해도 잘못된 건 없다. 실제로 90퍼센트의 사람들에게는 통한다. 다만 고도갈등 성격의 소유자들을 상대할 때는 이런 특성들이 약점이 될 수 있음을 알아둘 필요가 있다. 그렇게 하지 않으면 당신은 비난의 표적이 될 위험에 처할 수도 있다.

끔찍한 러브 스토리

톰과 카라의 이야기를 기억하는가? 그들에게 일어났던 일을 다시 살펴보자. 톰은 카라가 파티의 주인공이라는 점에 끌려 그녀에게 반했다. 누구나 그녀를 사랑하는데 그라고 안 그러겠는가? 게다가 그는 수줍음을 타고 조용한 편인데, 카라는 그런 그에게서 숨겨진 외향적인 면을 끌어냈다. 톰은 카라 옆에 있으면 온전한 자신이 된 것 같은 기분이 들었다.

그녀를 만난 초기에 그는 너무나도 황홀했다. 나이 서른에 마침내 그는 자신과 진정으로 연결된 누군가를 찾은 것이다(사실 그녀가 그를 발견한 것이지만). 카라가 작은 무대 위에 가수로 올라왔을 때 톰은 클럽에 있었다. 톰은 마법에 걸린 듯 그녀에게 빠져들었다. 쉬는 시간에 카라가 톰에게 다가왔고 둘은 대화를 나누기 시작했다. 그녀는 자신도 서른 살이며 결혼하여 아이를 낳아 키울 만큼 책임감 있는 누군가를 찾는 중이라고 말했다. 그리고 톰은 책임감 있는 사람이었다(카라는 책임감 있는 사람이 아니었음이 나중에 드러났다).

결혼하려고 혼인신고서를 작성할 때 그녀가 실제로는 서른다섯 살이라는 사실을 확인하고 톰은 깜짝 놀랐다. "아니. 이게 대체 뭐야?" 하고 톰은 외쳤다. "걱정할 거 없어."라고 카라는 대꾸했다. "너도 알지만 모든 여자가 그렇게 해. 다들 나이를 속여." 톰은 생각했다. '내가 대체 그녀에 대해 알고 있는 게 뭐지? 아무튼 대단히 무서운 여자네!'

결혼 후 카라는 항상 누군가와 갈등을 겪었다. 그녀는 자신의 적들이 얼마나 나쁜 사람들인지 오랜 시간 톰에게 떠들어댔다. 어느 날에는 친구와 가족, 직장 동료들 모두가 그녀를 화나게 하더니, 그다음 날에는 그들 모두가 그녀에게 가장 소중한 사람들로 바뀌었다. 또 다음 날에는 그 사람들이 다시 그녀의 원수가 되었다. 톰은 그녀의 불평에 금세 넌더리가 났다. 일주일 전만 해도 무척 싫어해서 톰도 같이 미워해주길 바랐던 사람과 며칠이 지나지 않아 화해를 하고 다시 친구가 되는 패턴이 반복되었다.

결혼 후 6개월도 안 돼서 카라는 임신을 했다. 톰은 아빠가 된다는 게 기뻤고 아기 로라는 그의 인생에서 또 다른 사랑이 되었다. 그런데 로라가 태어나고 얼마 지나지 않아 카라가 자신을 '나쁜 놈' 가운데 하나로 취급했다. 1년도 안 됐을 때, 작은 로라조차 그녀의 눈엔 나쁘게만 보였다. 그러다가도 카라는 갑자기 돌변하여 로라와 톰에게 적극적으로 사랑을 표현했다. 그러면 톰은 모든 게 잘되고 있다고 생각했다. 그러나 상황은 다시 뒤바뀌곤 했다.

톰은 카라와의 결혼이 잘 굴러가지 못할 것임을 깨달았다. 그러나 이혼은 가능한 한 뒤로 미루었다. 그는 그녀를 어떻게든 제어하려고 애썼고 그녀가 긍정적인 생각을 갖도록 도와주었다. 그는 결혼 상담을 받아보자고 제안했다. 그녀는 거절했다. 그는 잠시 떨어져 있어보자고 제안했다. 그녀는 그것도 거절했다. 화가 난 그는 마침내 그녀가 변하지 않으면 일주일 내로 이혼소송을 하겠다고 그녀에게 선언했다.

며칠 후, 그러니까 이혼소송을 하러 가기 직전에 톰은 접근금지명령을 받았다. 카라가 먼저 이혼소송을 하고 톰이 없는 자리에서 접근금지명령을 받아낸 것이다. 그녀는 톰이 굉장히 위험한 사람이라고 판사에게 말했다. 그가 계속해서 폭력을 행사했고 자신의 삶을 위협했다고 말이다. 그녀의 진술만 듣고 판사는 톰을 집에서 쫓아내는 데 동의했다.

무슨 일이 일어났던 걸까?

톰은 카라에게 푹 빠졌다. 하지만 그 사실은 문제될 것 없다. 사람들은 항상 사랑에 빠진다. 그렇다면 대체 뭐가 잘못됐던 걸까?

카라는 다른 환경에서 성장했다. 톰이 그녀의 부모님을 만났을 때 부모님은 그녀의 과거에 대해서 조금만 얘기해줬다. 부모님은 그녀가 젊은 시절에 거칠고 위험한 삶을 살았다는 점을, 그러니까 약에 중독되어 남의 차를 무단으로 몰고 다니고 가출한 친구들과 시간을 보냈다는 걸 톰에게 말하지 않았다. 그녀의 부모님이 이러한 사실을 한마디도 하지 않은 것은 그들도 잘 몰랐거나 그 사실을 받아들이지 못했기 때문일 수 있다. 어쨌든 톰은 결혼 전 그녀의 과거에 대해서 거의 알지 못했다.

톰과 카라가 데이트를 시작했을 때 톰이 아는 사람들 가운데 누구도 카라를 아는 이가 없었다. 클럽의 바텐더는 그녀가 다른 사람들에게 인기가 많으며 굉장한 목소리를 지녔기 때문에, 그녀를 잡은 톰은 행운아라고 얘기했다. 그러나 그게 바텐더가 아는 전부였다. 톰은 카라에 대해 물어볼 만한 이웃이나 가족이 전혀 없었다.

인터넷에 공개되어 있는 카라의 정보 중에는 톰이 만나본 적도 없고 만날 기회도 전혀 없었던 친구들과 찍은 사진들이 많았다. 나중에 톰은 그 사람들이 과연 진짜 친구인지조차 의심스러웠다.

반면에 카라는 그에 대한 모든 것을 재빨리 습득했다. 만난 지 한 달밖에 안 됐을 때 그녀는 그에게 컴퓨터의 비밀번호를 물었다. 자신의 컴퓨터가 고장 나서 수리를 받는 동안 그의 노트북을 빌려 쓰겠다며 말이다. 어쩌면 그건 변명이었을지도 모른다. 나중에 톰은 그녀가 자신의 컴퓨터를 샅샅이 뒤졌다는 사실을 알았다. 그러나 그녀는 자신에 대한 어떤 것에도 접근하지 못하게 했다.

톰은 초기의 경계 징후를 놓쳤다는 것을 나중에야 깨달았다. 그녀는 그에 대한 모든 것을 알고자 했으면서 자신에 대해서는 거의 아무것도 공유하지 않았다('모 아니면 도 식의 사고'). 친구였다, 원수였다 하는 식으로 충동적으로 마음을 바꾸었다('감정 통제 불능'). 누군가를 언제나 거세게 비난했다('남을 집요하게 비난'). 그리고 처음부터 그녀는 실제라기에는 너무 근사해 보였다.

톰의 자연스런 본능이 그를 잘못된 길로 이끌었던 걸까? 완전히 그렇다. 카라는 누구의 기준으로 봐도 매력적이었다. 그녀는 그가 자라면서 배운 노래를 많이 알고 있었다. 이것은 그에게 있어서 특별히 끌리는 점이었다. 그녀는 그가 경험한 문화의 일부였으며, 매력적인 모습과 행동을 보였다. 자신의 이상형에 딱 들어맞는 여성이었다. 그에게는 그녀를 믿지 못할 이유가 없었다. 그는 사랑에 빠졌고 자신의 모습을 있는 그대로 받아주는 누군가를 찾았다고 생각했다.

불행하게도 그는 그녀가 어떤 사람인지 제대로 알지 못했다. 그녀의 정체가 어떻게 드러날지 몰랐다고 할 수도 있다. 하지만 그는 처음부터 그녀의 행동에서 문제되는 패턴을 찾을만한 정보를 갖고 있었다. 그녀는 사람들에 대해서 모 아니면 도 식으로 말했다. 좋았다, 싫었다 하는 감정 기복이 보통 사람들과 비교했을 때 놀라울 정도로 심했다. 톰은 남을 집요하게 비난하는 그녀의 집착이 처음에는 흥미로웠지만 나중에는 성가시고 짜증이 났다. 그는 그녀가 자신을 사랑하고 있으니 자신은 절대 그렇게 대하지 않을 것이라고 생각했다. 만약 그가 성격 인지 능력을 계발했더라면 결국에는 자신이 다음 비난의 표적이 될 수 있다는 점을 깨달았을 것이다. 이 지식이 있었다면 그는 만난 지 몇 달 안 돼서, 그러니까 결혼 전에는 확실히 그녀로부터 벗어났을 것이다.

그들도 힘든 삶을 산다

특정한 패턴과 경계 징후를 자세히 들여다보기 전에, 몇 마디를 덧붙이고 싶다. 그 누구도 성격 장애를 갖거나 고도갈등 성격이 되기를 원하지 않는다. 성장 과정에서 유전과 환경의 영향으로 발생하는 것이다. 일부 고도갈등 성격은 어린 시절 겪은 심각한 학대 때문에 형성된다. 제대로 양육을 받았음에도 유전적인 영향으로 생긴 경우도 있다. 대부분 유전과 환경 모두의 영향을 받는다.

성격 장애와 고도갈등 성격은 그 자신도 고통스럽게 만든다. 그들은 자기 인식과 변화 능력을 잃어버려서 스스로를 도울 수 없다. 다른 사람을 비난하는 대신 스스로 변화하려고 노력함으로써 더 나은 삶을 살 수 있다는 점을 그들은 이해하지 못한다.

성격 장애나 고도갈등 성격을 가진 사람, 또는 둘 다를 지닌 사람을 당신의 신념만 가지고 대면해선 안 된다. 연민을 갖되, 확실히 통제해야 한다.

자기애성 고도갈등 유형은 진정한 인간관계를 맺지 못한다. 그저 자신의 이익을 위해 관계를 이용할 뿐이다. 그들은 사람을 꾀는 데 아주 능숙하다. 나중에서야 사람들은 그가 실제로는 그만한 능력을 소유하고 있지 않으며, 열심히 하려고도 하지 않고, 모든 일에 대해서 다른 사람을 탓하며, 더 나은 기회가 손에 잡힐 것 같으면 쉽게 남을 저버리는 모습에 화들짝 놀라 정신을 차릴 것이다.

3장

그는 단지 자신을 높이기 위해 나를 깎아내리려고 한다

: 자기애성 고도갈등 유형

남들 위에 군림하는 사람

자기애성 고도갈등 유형의 특징

다른 누구보다 자신이 항상 우월하다고 생각하면서 기를 쓰며 끊임없이 자신의 우월성을 드러내려는 사람을 알고 있는가? 그것도 언제나 다른 사람의 희생을 통해서 말이다. 처음엔 그 사람이 매력적으로 보였을 수도 있다. 하지만 어느새 그는 자신이 우월하고 특별 대우를 받을 자격이 있다는 식으로 행동할 수 있다. 명성과 관심을 얻거나 남보다 앞서고 싶어서 당신을 망가뜨리려고 하거나 비난한다는 걸 어쩌면 당신도 느끼고 있을 것이다. 바로 이런 점들이 자기애성 고도갈등 성격의 특징이다.

자기애성 성격 장애narcissistic personal disorder는 다섯 가지 유형의 고도갈등 성격 장애 가운데 가장 흔하다. 2008년 미국립보건원NIH의 연구 보고서에 따르면, 인구의 6퍼센트 이상이 이 장애를 갖고 있다.[1] 북미에만 2천 2백만 명 이상이라는 얘기다. 지난 30여 년 동안 내가 다룬 수백 건의 고도갈등 사례와 세미나에서 수천 명의 전문가들로부터 받은 피드백을 고려할 때, 나는 이 장애를 가진 사람들 중 절반가량이 비난의 표적에 집중하는 자기애성 고도갈등 성격이라고 추정한다. 여기에 미국립보건원 연구에서 발견한 사실을 추가해보자. 자기애성 성격 장애의 37퍼센트가 경계선 성격 장애를 갖고 있고,[2] 12퍼센트가 반사회성 성격 장애를 갖고 있다.[3] 이런 식의 조합은 그들의 고도갈등 행동을 심화한다.

미국립보건원 연구에서는 자기애성 성격 장애의 62퍼센트가 남성이고, 38퍼센트가 여성인 것으로 나타났다.[4] 성별에 따라 어느 정도 차이는 존재하지만 절대적인 건 아니다.

다른 고도갈등 성격 유형도 마찬가지지만, 자기애성 행동에는 경미한 수준부터 심각한 수준까지 범위가 상당히 넓다. 갈등 수준이 낮은 대다수의 자기애성 성격의 소유자는 우리의 인생을 망치는 사람이 아니다. 자신에게만 몰두하거나 거만한 탓에 사람들이 주변에 있기 힘든 정도다. 하지만 자기애성 고도갈등 성격의 소유자는 갑자기 우리의 나약한 면을 공격하고, 자신이 입힌 상처에 대해서 거만한 투로 정당화하거나 전혀 염두에 두지 않는다.

《정신장애진단 및 통계편람 5판》에 따르면, 누군가를 성격 장애로 진단하려면 그 사람은 "심각한 사회적 장애나 내적 고통"을 갖고 있어야만 한다.[5] 또 특정한 아홉 가지 특징 중 다섯 가지 이상을 보이면 자기애성 성격 장애라고 진단을 내릴 수 있다. 그 가운데서도 특히 세 가지 핵심적인 특징이 자기애성 고도갈등 성격을 가진 사람에게 있다.

◇ 자신을 다른 누구보다, 특히 주변에 있는 사람들보다 훨씬 우월하다고 생각한다.

◇ 자신은 특별한 대우를 받을 권리가 있기 때문에 규칙이나 법규의 적용을 받지 않는다고 여긴다.

◇ 공감 능력이 결여되어 있어, 남들 앞에서 다른 사람을 심하게 망신주고 위신을 떨어뜨린다.

이런 특성을 가진 사람과 가까운 사이일 경우 얼마나 힘든지 경험해본 사람은 알 것이다. 다른 사람을 깎아내림으로써 자신의 우월함을 드러내려고 하는 탓에 갈등 상황이 끊임없이 생기기 때문이다.

자기애성 고도갈등 성격의 소유자는 진정한 인간관계를 맺지 못한다. 그저 자신의 이익을 위해 관계를 이용할 뿐이다. 그들은 연인, 동료, 금융 투자자, 일반 대중까지 사람을 꾀는 데 아주 능숙하다. 나중에서야 사람들은 그들이 실제로는 그만한 능력이 없고, 특히 그들과의 관계에 있어 열심히 하지 않으며, 모든 일에 다른 사람을 탓하고, 더 나은 기회가 생길 것 같으면 쉽게 남을 저버리는 모습에 화들짝 놀라 정신을 차릴 것이다.

자신이 남들보다 우월하며 특권을 갖고 있다고 믿기에 자기애성 고도갈등 성격의 소유자는 자신이 누군가의 사업, 결혼생활, 경력과 인생을 망가뜨린 데 정당한 이유가 있다고 생각한다. 그렇게 함으로써 자신이 대단해 보이거나 남의 비난을 피하는 데 도움이 된다면 말이다. 반면에 그들은 자신의 파괴적인 행동에 화를 내는 우리에게 문제가 있다는 식으로 말한다.

자기애성 고도갈등 유형은 보통 자신의 의도를 자각하지 못한 채 자신의 방식대로만 행동한다. 그들도 스스로를 어찌하지 못한다. 그들은 그런 사람인 것이다. 자기애성 성격 장애는 대개 어릴 적에 시작되는데, 종종(항상은 아니고) 심한 학대를 받았거나 응석받이로 자라면서 나타난다.

누구나 비난의 표적이 될 수 있다

또한 자기애성 고도갈등 성격의 소유자가 특정하게 우리를 집어 괴롭히는 게 아니라는 점을 이해하는 게 중요하다. 그들에게 우리는 그저 손쉬운 대상이거나 이용 가능한 대상일 뿐이다. 실제로 많은 자기애성 고도갈등 유형은 우리의 존재를 알아차리지 못한다. 심지어 같이 사는 사람이거나 같이 일하는 동료여도, 아니면 이웃이거나 친구여도 그렇다. 왜냐하면 그들은 자기 자신에게 너무 매몰되어 있기 때문이다. 그들은 우리를 만나기 전에 많은 사람을 심하게 대했고 앞으로도 수십 명, 어쩌면 수백 명을 그렇게 대할 것이다. 더 크거나, 더 중요하거나, 더 손쉬운 표적이 생기면 그들은 갑자기 우리를 무시하고 그 사람을 쫓아갈 것이다.

자기애성 성격 장애 소유자를 다른 사람, 특히 업적과 재능으로 성공을 일군 사람과 구분하는 것도 역시 중요하다. 자신의 업적과 재능을 지나치게 부풀리고, 자신의 행동을 바꾸려는 것에 저항한다는 점이 자기애성 성격 장애를 가진 사람들의 특징이다. 이로 인해 그들은 종종 주변 사람을 다치게 한다. 심리학에서는 이런 경우를 '병적 나르시시즘pathological narcissism'이라고 하고, 가장 파괴적인 경우는 '악성 나르시시즘malignant narcissism'이라고 한다.

우리는 나르시시즘의 특성을 어느 정도 가진 수많은 성공적인 사람(정치인, 경제인, 예술가, 의사, 변호사, 음악가, 요리사, 작가 등)과 이들을 구분해야 한다. 이 경우를 '건강한 나르시시즘healthy narcissism'이라고 하는데, 이런 특징은 다른 사람이 자신을 고립시키고 밀어내는 상황에도 자신에 대한 믿음을 갖도록 한다. 이런 식의 나르시시즘은 건강하고 도움이 되기도 한다.

하지만 모든 성격 장애의 일반적인 특성에서 내적 고통이나 사회적 장애의 패턴이 심각하고 지속적으로 나타난다는 점을 기억하자. 부정적인 행동 패턴의 징후가 충분히 나타난다면, 그 사람은 건강한 나르시시즘을 소유하고 있지 않은 것이다.

바로 화를 내느냐, 나중에 복수하느냐

자기애성 고도갈등 성격의 두가지 유형

대다수의 심리학자는 건강한 자기애를 갖지 않는 사람들을 두 가지 유형, '민감성 나르시시스트vulnerable narcissists'와 '과시성 나르시시스트grandiose narcissists'로 분류한다. 이 둘의 차이는 고도갈등 성격의 소유자가 자신의 약점이 노출되었을 때, 예를 들어 누군가가 자신의 노골적인 거짓말을 잡아냈을 때 어떤 반응을 보이는지에 달려 있다. 심리학자들은 이를 '자기애적 상처narcissistic injury'라고 말한다. 민감성 나르시시스트는 즉시 화를 내고, 자신의 약점을 드러낸 사람을 언어적이나 육체적으로 공격한다. 반면에 과시성 나르시시스트는 겉으로는 전혀 화가 나지 않은 것처럼 행동하지만 나중에 자신의 약점을 드러낸 사람에게 앙갚음을 한다. 안 좋은 소문을 퍼트리거나, 일에 훼방을 놓거나, 평판을 떨어뜨리거나, 소송을 제기하거나, 재산에 손해를 입히는 식으로 말이다.

그렇기 때문에 자기애성 고도갈등 성격의 소유자를 공개적으로 망신 주는 일은 피해야만 한다. 그가 남들 앞에서 당신을 욕보이는 상황에서도 그래야 한다. 그렇지 않으면 당장 그가 반응하지 않더라도 당신을 자신의 새로운 비난의 표적으로 삼아 치밀하고 위험한 복수를 계획할 것이다.

자기애성 고도갈등 성격의 몇 가지 실제 사례를 살펴보자.

그 자리에 있을 자격도 없어!

사이클 선수 랜스 암스트롱Lance Armstrong은 정식으로 진단을 받은 적은 없지만, 여러 사람이 매체를 통해 그가 자기애성 성격 장애를 갖고 있음을 암시했다.[6] 그들 가운데 한 사람이 심리치료사이자 《당신이 아는 나르시시스트The Narcissist You Know》의 저자인 조지프 버고Joseph Burgo 박사로, 다음은 그가 블로그에 쓴 글이다.

어젯밤 오프라의 질문에 암스트롱이 대답하는 모습과 과거에 그가 부인했던 말과 우승 소감을 찍은 비디오를 관찰하면서, 자기애성 성격인 방어적인 자세를 드러내지 않으려고 애를 쓰는 암스트롱의 모습이 보다 분명해 보였다. 그가 승자와 패자가 들끓는 세상 속에서 살고 있다는 점은 특히나 분명해 보인다. 그는 자신이 한심한 패자보다는 개선장군 같은 승자라는 점을 증명하는 데 삶의 전부를 걸 정도로 막대한 노력을 들여왔다.[7]

오프라와의 인터뷰 다음날, 〈ABC 뉴스〉 저널리스트인 엘리자베스 바르가스Elizabeth Vargas는 암스트롱이 "자신의 도핑에 대해서 진실을 말한 많은 사람의 삶을 망가뜨렸음을 인정했다."고 말했다. 바르가스는 이전의 팀 동료로서 암스트롱을 잘 알고 있던 프랭키 앙드뢰Frankie Andreu의 부인 베치 앙드뢰Betsy Andreu를 인터뷰했는데, 그녀는 "암스트롱은 사람이 말한 내용을 비판하지 않고 항상 사람을 비난하려고 했다."[8]고 말했다.

다큐멘터리 영화 〈암스트롱의 거짓말The Armstrong Lie〉에 이를 보여주는 사례가 나온다. 2009년 2월 촬영된 장면에서, 암스트롱은 한 뉴스 채널과 인터뷰를 했다. 그는 자신에 대한 비난이 어떤 내용인지에는 반응하지 않으면서 대신 이렇게 말했다. "당신은 그런 말을 할 자리에 앉을만한 자격도 없는 사람이야."[9]

이 사례에서 우리는 다른 사람을 깎아내림으로써 자신의 위신을 세우는 암스트롱의 행동 패턴을 볼 수 있다. 심지어 꽤 강한 정도다. 그는 자신의 표적을 그 자리에 앉을만한 자격이 없다고 대놓고 주장하면서 심하게 폄하했다. 자신의 우월한 능력에 관한 허위를 감추려고 방향을 돌려 자신을 인터뷰한 사람의 위상에 위협을 가했다.

무례한 텔레비전 호스트

책의 처음에 소개한 젠과 제이슨의 이야기가 기억나는가? 이 이야기는 실제 상황을 각색했다. 다음 글을 통해 제이슨이 자기애성 고도 갈등 성격의 소유자인지 확인해보자.

제이슨은 아주 매력적이었다. 젠과 제이슨은 방송 트렌드와 텔레비전의 미래를 두고 열띤 논의를 펼쳤다. 제이슨은 텔레비전 사업에 대한 젠의 지식에 깊은 인상을 받은 것 같았다. 젠은 일자리를 구하는 데 제이슨이 도움을 줄지도 모른다는 희망을 품었다. 얘기가 끝날 무렵, 제이슨은 젠이 얼마나 예쁜지 말하면서 그녀를 꼭 껴안았다. 나중에 술 한잔하면 좋겠다며 젠에게 문자도 보냈다.

젠은 그를 만나야 할지 망설였다. 제이슨의 집적거리는 행동 때문에 불안했다. 오래 고민한 뒤 친구 사이의 만남은 좋다고 문자를 보냈다. 그러면서 자신의 일자리를 구하는 데 도움을 줄 수 있길 희망한다는 말도 덧붙였다.

제이슨이 답장을 보냈다. 개인적인 친분에는 관심이 없다고, 자신을 일자리 구하는 도구로 쓰지 말라고 했다.

이 단순한 만남에서 자기애성 고도갈등 성격의 경계 징후가 보이는가? 거만함? 특권 의식? 거친 감정? 극단적인 행동? 무엇이든 간에 3년 후 제이슨이 방송사에서 해고를 당하고 함께 일한 6명의 여성을 성폭행한 혐의로 체포된다는 사실을 미리 암시하는 것이 있을까?

경계 징후가 있다. 90퍼센트의 사람들이라면 처음 만나서 짧은 대화를 나눈 후에 '깊은 포옹' 같은 무례한 행동을 하지 않는다. 90퍼센트의 사람들은 먼저 우호적인 만남을 제안하고서 상대방의 사소한 거리 두기에 공격적으로 돌변하면서 만나자는 말을 취소해버리는 일은 하지 않는다.

물론 이런 점들이 명백한 경계 징후가 아닐 수도 있고 어떤 경우에는 무고한 것일 수 있다. 그럼에도 이런 점들은 당신이 누군가를 완전히 신뢰하기 전에 잠깐 멈춰 세우는 일종의 암시가 된다. 다행히 젠은 일자리를 구하는 데 그가 도움을 줄 수 있을지를 물어보았다. 이는 자신의 관심이 육체적 관계가 아니라 비즈니스적 관계에 있다는 것을 분명히 함으로써 제이슨에게 '선을 그은' 것과 같다. 젠은 자신의 직관적인 성격 인지를 따름으로써 위험한 상황을 피했다.

테러리스트 지도자들의 공통점

광신적인 집단의 지도자가 자기애성 성격 장애의 극단적인 사례인 경우가 자주 있다. 미국 연방수사국(FBI) 특수 요원 조 나바로Joe Navarro는 자신의 저서 《테러리스트 추적하기Hunting Terrorists》에서 오사마 빈 라덴과 사담 후세인이 자기애성 성격 장애의 성향에 어떻게 들어맞는지 설명했다.

> 그동안 얼마나 좋은 일이었든지 간에 …… 사소한 뭔가가 잘못 돌아가면 그들은 자신의 충성을 다른 데로 옮기거나 즉각적으로 다른 사람을 낮게 평가한다. …… 이렇게 별안간 돌이킬 수 없이 바뀌는 성향은 여러 테러리스트에게서 눈에 띈다. …… 테러리스트 지도자에 관한 한, 자기애성 성격 장애는 가장 흔히 보이는 특징 중 하나일 것이다.[10]

이는 자기애성 성격 장애의 핵심적인 특징인 다른 사람에 대한 연민을 느끼지 못한다는 점과 잘 맞아떨어진다. 수십 명에서 수천 명에 달하는 추종자가 자신을 대신해 희생해서 죽음을 맞은 것조차 그들에겐 거의 아무런 의미가 없다. 심지어 자기 동료가 인기를 끌고 성공하는 게 자신에게 아주 약간이라도 위협적이라고 느껴질 때 그 동료를 제거하는 것으로 이름을 날리는 경우도 자주 있다.

오사마 빈 라덴의 공개된 영상 화면에서, 그는 2001년 9월 11일 뉴욕 세계무역센터 테러 성공 소식을 처음 듣고 웃었다. 그는 비행기를 납치한 젊은 테러범들이 자신의 임무도 제대로 알고 있지 않았다고 무시와 조롱이 섞인 투로 말했다.

광신적이고 자기애적 성향을 띤 지도자를 따르는 추종자들은 보통 자기애성 성격 장애가 아니다. 추종자들은 자신에게 연민을 느끼지도 않고 신경도 쓰지 않는 지도자를 따름으로써 자신의 삶을 망가뜨리는 경우가 많다.

같이 있을 때 무력감을 느낀다면

자기애성 고도갈등 유형 판별법

다수의 자기애성 고도갈등 성격의 소유자는 자신을 대단히 중요한 사람이라고 여기는 망상이 있기 때문에 자신을 과대평가한다. 그러나 대개는 매력적인 겉모습 뒤로 자기중심적인 행동을 자제하거나 숨긴다. 몇 주나 몇 개월, 때로는 1년 가까이 지나서 우리가 그의 정체를 알기 전까지 말이다.

의학, 법학, 대학, 영화, 정치 등 남들의 주목을 확실히 끄는 직업군은 명성을 얻고자 하는 자기애성 고도갈등 유형이 자석처럼 강하게 끌리는 분야이다. 간호, 사회 복지, 심리학, 성직 등 남들을 도와주는 직종도 마찬가지다. 다루기 쉬운 대상을 조종할 수 있는 은밀하고 사적인 기회를 갖기 때문이다. 당신이 이런 직업군에서 인사권을 쥐고 있다면, 자기애성 고도갈등 성격의 소유자를 걸러내는 데 특별한 주의를 기울여야 한다. 2장에서 말한 WEB법이 아주 유용한 판별법이 될 것이다.

1. 말(W)

고도갈등 성격의 네 가지 특징(모 아니면 도 식의 사고, 통제 불능의 과격한 감정, 극단적인 행동과 위협, 표적을 집요하게 비난)에 더해서, 건강하지 않은 자기애를 보여주는 말에 귀 기울이자. 거만하거나 연민을 보이지 않거나 무시하는 말, 다른 사람을 얕보거나 품위를 떨어뜨리거나 욕보이는 말, 사람들을 승자와 패자로 나누는 식의 발언, 자신이 스스로 얻어낸 것이 아닌 추가적인 혜택과 봉사를 받는 게 당연하다는 식의 특권 의식이나 우월함을 반영한 말을 한다.

2. 감정(E)

개빈 드 베커가 《서늘한 신호》에서 한 말을 떠올려보자. 누군가의 행동에 문제가 있다는 것을 우리의 직감이 먼저 말해주는 경우가 종종 있다. 누군가가 당신 앞에 있을 때, 아니면 그 사람에 대해 당신이 생각할 때, 자신의 직관에 주의를 기울여보자. 두려운 기분이 드는가? 그 사람이 주변에 있으면 숨이 꽉 막히는 기분이 드는가(나르시시스트는 '방 안의 산소를 모두 빨아들이는' 것으로 유명하다)? 그 사람과 함께 있을 때 자신의 지적 능력, 자신감, 유능함이나 한 사람으로서 가치가 의심스러운가? 그 사람과 함께 있다가 헤어지면 무력하고 절망적인 기분이 드는가?

또 자신에게 이렇게 물어보자. 그 사람에게 지나치게 경외감을 갖는가? 그 사람에게 완전히 빠져 있는 것처럼 느껴지는가? 다른 사람들이 그 사람에 대해서 뭐라고 비난하면 화가 나고 그 사람이 한 행동에 대해 정당화하거나 설명할 필요가 있다고 느끼는가? 그 사람에 대해서 긍정적인 면을 말할 때 어색한 기분이 드는가?

3. 행동(B)

그 사람은 다른 사람들에게 공격적으로 행동하고는 자신이 그들보다 우월하다면서 자신의 행동을 정당화하는가?("내가 누군 줄 몰라?") 일반적인 규칙을 무시할 정도로 자신에게 특권이 있다고 생각하는가? 공개적으로, 종종 잔인하게 사람들에게 모욕을 주는가? 다른 사람의 감정을 신경 쓰지 않거나 알아채지 못하는가? 다른 사람에 대한 공감 능력이 결여된 모습을 보이는가?

자기애성 고도갈등 성격을 판별하는 데 90퍼센트의 규칙을 적용할 수도 있다. 이 장에 나온 사례들을 떠올려보자. 당신이 알고 있는 90퍼센트의 사람들이라면 다음과 같이 행동하지 않는다.

◇ 솔직한 비판을 받았을 때, "당신은 그 자리에 앉을만한 가치가 없어."와 같은 태도로 반응한다.
◇ 수천 명이 죽었다는 얘기를 듣고 웃는다. 자신을 위해 중요한 임무를 끝낸 사람이 포함되어 있다고 해도 그렇다.
◇ 자신에 대해서 진실을 말한 사람들의 삶을 교묘하게 망가뜨리고 그들의 인생을 망쳐놓았다고 공개적으로 인정한다.
◇ 처음 만난 자리에서 대뜸 사적으로 만나자고 해놓고선 부탁을 들

어 달라고 하자 상처가 되는 말로 반응하며 만남을 취소한다.

주변에 이런 사람이 있다면, 공통적으로 아는 다른 사람에게 말해 보자. 당신이 그 사람에 대해서 의문과 염려가 있는데 실제로 무언가를 느끼기 때문인지, 단지 지나치게 생각한 탓인지 확실치 않다고 말이다. 그런 경우 대개 사람들은 솔직한 의견을 말할 것이다.

만일 누군가가 당신의 물음에 그 사람은 대단하고 특별한 사람이라며 못마땅하게 대꾸한다면, 혹은 세상이 그 사람을 집단적으로 공격하고 있다며 일장 연설을 늘어놓는다면 이는 많은 것을 의미한다. 당신이 궁금해하는 사람은 자기애성 고도갈등 성격일 가능성이 높고, 당신이 얘기를 나눈 사람은 그에게 장악된 사람일 가능성이 높다.

지나친 아부를 조심하라

자기애성 고도갈등 유형을 피하는 법

어떤 관계든 시작할 때는 조심스럽게 천천히 진전시켜야 한다. 애초에 자기애성 고도갈등 성격의 소유자를 피하고 선을 긋는 일이 나중에 관계를 깨는 일보다 훨씬 쉽기 때문이다. 경계 징후가 눈에 들어온다면 더욱 중요해진다. 그 사람을 바꿀 수 있다거나 객관적으로 이해할 수 있을 것이라는 믿음으로 그와 순진하게 관계를 맺어서는 안 된다.

자기애성 고도갈등 성격의 소유자 주변에 있는 사람들이 흔하게 부딪히는 문제가 있다. 처음 만났을 때 그에게서 강한 인상을 받고 심하게 아부한다는 점이다. 아부를 해줬는데 돌아오는 게 아무것도 없으면 그에게 분개하게 되고, 부정적인 말로 그 사람을 비난하게 된다. 당신이 고도갈등 성격의 소유자와 마주하고 있다는 생각이 들면 지나친 아부는 삼가야 한다. 그래야 당신의 의문이 적중했을 때 뒤로 물러나기가 훨씬 수월해진다. 여기 몇 가지 추가적인 팁이 있다.

1. 그 사람에게 질문을 던져라.

그 사람의 인생과 과거, 가족, 일, 관심사 등에 대해서 물어보자. 유용한 정보를 얻을 수 있다. 어쩌면 그 사람에 대해 물어볼 수 있는 다른 사람에 대한 정보를 얻을 수도 있다. 질문에 대한 그 사람의 반응 또한 유용한 정보를 제공한다. 만일 그 사람이 비정상적으로 주저하거나 방어적이거나 화를 낸다면, 제대로 가고 있다는 신호다.

2. 다양한 면으로 오랫동안 관찰한 결과를 모아라.

만일 당신이 누군가와 데이트를 하고 있다면, 결혼이나 임신처럼 막중한 책임이 따르는 일을 벌이기 전에 상대방을 알아가는 데 최소 1년의 시간을 보내야 한다. 친밀한 공간에서 그 사람이 어떤 사람인지를 알아내는 데는 동거도 도움이 된다. 그러나 같이 집을 빌려 살다 헤어진다거나 다른 동거인이나 이웃에게 피해를 준다면 또 다른 복잡한 상황에 얽힐 수 있다.

3. 만약 일자리에 지원한 사람을 인터뷰하고 있다면, 가능한 한 수습기간을 길게 잡자.

선발 과정에서 당신이 신뢰할만한 여러 사람을 참여시키고, 지원자에 대해서 그 사람들이 받은 직관적인 느낌과 솔직한 선택을 물어보자. 룸메이트, 경영자 등 장기적인 관계를 맺어야 하는 상황일 때도 처음부터 조심스럽게 다가가야 한다.

공감과 관심과 존중이 필요하다

자기애성 고도갈등 유형을 대하는 법

자기애성 고도갈등 성격의 소유자와 장기적인 관계를 맺기로 마음을 먹었다면 아무리 명백한 일일지라도 그 사람에게 틀렸다고 말하거나, 아무리 어리석고 뻔하더라도 그 사람의 거짓말이나 속임수를 지적해선 안 된다. 정말 그럴만하다거나 당신에게 심하게 모욕을 주었다 하더라도 깔아뭉개는 말로 그 사람에게 반응해선 안 된다. 마음을 차분히 가라앉히면서 가능한 한 빨리 그 대화에서 빠져나와야 한다. 피할 수 없다면 CARS법을 적용해보자.

1. 연결하기(C)

공감과 관심, 존중이 포함된 말은 고도갈등 성격의 소유자와의 갈등을 진정시키는 데 도움이 된다. 물론 그 사람이 폭력적인 행동을 하거나 분노에 싸여 있거나 다른 위험한 행동을 하고 있다면 즉시 그 사람으로부터 벗어나 자신을 보호해야 한다.

CARS법의 1단계인 공감Empathy 과 관심Attention 과 존중Respect 으로

연결하는 것을 'EAR 표현'이라고 하는데, 다음은 그 예다.

"실망스런 상황인 건 나도 알겠어요(공감). 나에게 좀 더 말해 봐요. 당신의 관점에서 무슨 일이 벌어지고 있는지 이해하고 싶어요(관심). 이 문제를 해결하기 위해 애쓴 당신의 노력에 대해서 많이 존중하고 있어요(존중)."

자기애성 고도갈등 성격의 소유자를 대할 때는 존중을 강조하는 것이 도움이 된다. 다음처럼 존중이란 단어가 직접 들어간 문장을 써 보면 알게 될 것이다.

"저는 우리 지역 사회에 대한 당신의 헌신을 존중합니다."

"지난주 당신의 발표를 진정으로 존중합니다. 대단했어요."

"당신과 우리 아들의 관계를 존중합니다. 당신이 우리 아들과 함께 귀중한 시간을 보낼 수 있도록 도와주고 싶어요."

물론 그 말은 진실해야지, 그 사람을 기쁘게 하기 위한 과장이어서는 안 된다. 만일 당신이 솔직하지 않으면 그 사람이 당신의 거짓을 알아채고 당신을 원망할 수 있다. 아니면 나중에 당신이 그 사람으로부터 멀어지려고 할 때 그 일을 두고 당신을 옴짝달싹 못 하게 할 것이다.

자기애성 고도갈등 성격의 소유자를 기쁘게 하려고 무진 애를 쓰는 사람이 많다. 공감과 관심은 간단하게 말하는 게 좋다. 공감이나 관심에 대해 지나치게 강조하면 당신이 조종당할 수 있다. 당신이 자기의 기분을 좋게 하려고 뭐든 할 거라고 생각할 수 있기 때문이다. 그들은 자기중심적인 사고와 우월적인 태도로 인해 역효과가 생길 때마다 끊임없이 불안과 고통을 느끼는데, 자신이 갈망하는 관심을 주는 사람으로 당신을 바라볼 것이다.

2. 분석하기(A)

그 사람이 할 수 있는 선택에 대해서 얘기하자. 그가 직접 선택할 수 있도록 상황을 만들자. 이를 통해 그 사람은 자신이 더 권한을 가졌고 더 존중을 받는다고 느낀다.

자기애성 고도갈등 성격의 소유자가 당신에게 전화를 걸어 관심을 가져 달라고 요구하는 상황을 가정해보자. 다음과 같이 말하면 된다.

"지금 바로 당신을 도와줄 수 있어요. 하지만 지금은 딱 5분밖에 시간이 없어요. 다음 주에 약속을 잡으면 당신과 한 시간을 함께 보낼 수 있어요. 어쨌건 당신에게 달린 일이에요."

이런 방법을 통해 당신은 그들의 요구를 선택의 문제로 바꿀 수 있다. 그렇게 함으로써 그들이 당신의 시간을 방해하지 않도록 선을 그을 수 있다. 그들은 여전히 존경과 존중을 받고 있다고 느낄 것이다.

3. 반응하기(R)

만일 자기애성 고도갈등 성격의 소유자가 틀린 말을 하거나 당신에게 적대감을 표현한다면, 정확한 정보를 근거로 사실만 말하고 대화를 끝내야 한다. 예를 들어보자.

"음, 당신이 모르고 있었나 보네요. 그 문제는 어제 처리됐어요."

이런 식의 표현법을 나는 'BIFF 반응법'이라고 부른다. 딱 한 문장이나 한 문단으로 간략하게(Brief), 숨김없이 사실적으로(Informative), 우호적인 톤을 유지하면서(Friendly), 적대적인 대화를 하지 않겠다는 의미에서 확고하게(Firm) 말하라는 뜻이다. 이 방법은 다른 고도갈등 성격도 마찬가지지만 자기애성 성격인 경우 특히 도움이 된다. 높게 평가받고 있다는 느낌을 주기 때문이다.

4. 선 긋기(S)

만약 당신이 이미 자기애성 고도갈등 성격의 소유자와 관계를 맺고 있다면, 주의 깊게 선을 그어놓아야 한다. 그 선을 넘어오지 않게 적절한 거리를 유지하면 어울려 살아갈 수 있다.

자기애성 고도갈등 유형은 자신이 다른 사람들보다 우월하다고 믿기 때문에 "안 돼."라는 대답을 받아들이기 힘들어한다. 또한 어떤 법이나 경계가 자신에게 적용된다는 것도 용납하지 못한다. 실제로 그들은 "안 돼."라는 말을 깡그리 무시하는 경우도 많다. 이 때문에 "안 돼."라는 말만 해서는 안 된다. 명확한 한계와 이를 침범했을 때 일어나는 분명한 결과를 자세하게 설명해야 한다.

또한 함께 보낼 시간, 이야기할 주제, 함께 할 일과 그렇지 않은 일 등에 대해서 선을 그어놓아야 한다. 물론 우리는 만나는 모든 이에게 그렇게 하고 있다. 고도갈등 성격이 아닌 사람들은 직관적으로 선을 이해하고 넘어오지 않지만 자기애성 고도갈등 유형은 매사를 자기 뜻대로 하려고 하기 때문에 더 냉정하게 선을 그어야 한다.

이때 선을 긋는 게 그들 때문이 아니라는 점을 분명히 해야 한다. 당신의 스케줄이나 상사와 같은 외부 환경 때문에 선을 그을 수밖에 없음을 설명하고 어김없이 지켜야 한다.

이렇게 선을 그었을 때 자기애성 고도갈등 성격의 소유자는 다른 사람과 다른 방식으로 반응할 것임을 예상해야 한다. 그들은 자신에게 선을 그은 것에 부정적인 반응을 보이고, 당신 탓이라고 비난할 수 있다.("내가 당신에게 질문할 게 있다고 당신 비서한테 말했는데, 당신은 그 바보 같은 모임에 가 있었어. 그래서 나는 당신의 상사한테 말했어. 당신이 그 사람을 얼간이라고 생각한다고.") 따라서 사전에 사무적으로 말해놓아야 한다.("나는 모임에 참석할 거요. 그러니 물어볼 게 있으면, 나에게 이메일을 보내요. 그럼 내가 가능한 한 빨리 당신에게 답장을 보내겠소. 아니면 내 비서에게 메시지를 남겨요.")

만약 당신이 선을 긋지 않는다면, 자기애성 고도갈등 성격의 소유자는 당신의 삶을 빼앗고 결국에는 당신을 비난의 표적으로 삼을 것이다. 그러나 당신이 선을 긋는다고 해도, 그들은 당신을 해고하거나, 당신과 함께 일하기를 거부하거나, 음성 메시지나 문자로 당신을 집요하게 괴롭힐 것이다. 바로 이 때문에 애초부터 자기애성 고도갈등 유형은 피하는 게 중요하다.

만약 피할 수 없다면, 당신은 그 사람의 자아를 달래야 하는 순간을 몇 차례 겪을 것이다.("내 스케줄에 대해서 이해해줘서 감사합니다. 나는 가능한 한 빨리 당신에게 대답했어요. 당신의 시간도 중요하다는 건 나도 알고 있어요.") 이럴 때 재빨리 반응한다면 그 사람이 상황을 악화시키는 것을 막을 수 있다. 다른 사람들에게 당신에 대해 불평함으로써 그들을 끌어들이는 것도 막을 수 있다. 그런 다음 그 사람에게 당신을 존중해줄 것을 요구하자.("오늘 가능한 한 방해받지 않고 일에 집중해야 하는 나의 상황을 당신이 존중해줘서 고마워요.")

자기애성 고도갈등 성격의 소유자의 경우, 그 사람에게 해고를 당하거나 멀어지는 게 최선일 때도 있다. 관계를 유지하려고 선을 그으며 애를 쓴다고 해도 결국에는 기진맥진할 것이다. 때문에 관계를 곧바로 끝맺는 것이 제일 좋다.

하지만 피해를 입지 않으면서 멀어지는 것이 가능할까?

단호하지만 서서히 관계 끊는 기술

자기애성 고도갈등 유형과 멀어지는 법

만일 당신이 자기애성 고도갈등 성격의 소유자와의 관계를 제한하거나 줄이거나 끝맺기를 원한다면, 주의 깊고 전략적이어야만 한다. 그들은 거부에 아주 민감하다. 그들은 당신이 하는 어떤 것에 대해서도 모욕적이거나 위협적이라고 받아들일 수 있다. 몇 가지 유용한 팁이 있다.

◇ 자기애성 고도갈등 성격의 소유자에게 그 사람의 성향이나 행동 때문에 당신이 떠나는 거라고 말해서는 절대 안 된다. 아무리 그 사람이 폭언을 하고 독설을 날렸다고 해도 말이다. 당신이 떠나는 게 그 사람의 잘못 때문이라는 걸 말해서도, 암시해서도 안 된다. 확실히 그런 경우라고 해도 말이다. 만약 그렇게 한다면 스스로 비난의 표적이 되는 것을 못 박는 꼴이다.

◇ 당신 자신을 비난해서도 안 된다.("나는 당장 새로운 관계를 이어갈 자신이 없어요.") 그러면 모든 게 당신 탓이라는 고도갈등 성격의 소유자

의 믿음이 강화될 뿐이다.

◇ 당신의 달라진 스타일, 관심, 목표에 초점을 맞춰야 한다.("예전과 달리 펜싱 클럽에 더 이상 관심이 없네요." "동료보다는 가족과 더 많은 시간을 보내고 싶어요.")

◇ 절대 당신이 그 사람을 거부하는 것처럼 보이게 해서는 안 된다. 거부당했다는 사실에 어떻게든 앙갚음하려는 것이 자기애성 고도갈등 성격의 특성 중 하나다.

◇ 무엇보다도 당신과 멀어지는 것이 대수롭지 않은 일이어야 한다. 그저 덤덤한 사무적인 일이어야 한다. 만약 자기애성 고도갈등 성격의 소유자가 당신이 불안하고 감정적으로 애를 쓰며 말한다고 느낀다면, 당신을 비난의 표적으로 삼을 가능성이 높아진다.

◇ 그들에 대한 존중을 간단하게 보여주어야 한다. '존중한다', '유능하다', '성공적이다'라는 단어를 써보자.("나는 앞으로도 계속 당신을 응원할 거예요. 당신이 이미 이룬 것보다 더 성공하길 바랍니다".)

◇ 자기애성 고도갈등 성격의 소유자는 당신의 의견을 증명해보라고 요구할 수 있다. 당신이 관계를 끊는 것은 잘못하는 일이라고 말할 가능성도 있다. 그러나 그 어떤 것도 입증하려 하거나 왈가왈부할 필요가 없다. 단지 그게 당신의 의견이라고 말하면 된다.("글쎄요. 그게 바로 지금 내가 원하는 바예요. 물론 나는 앞으로도 계속 당신을 응원할 거예요. 당신이 이미 이룬 것보다 더 성공하길 바랍니다.")

◇ 급하게 서두르면서 일을 처리해선 안 된다. 예를 들어 두 문장의 문자나 이메일로 관계를 끝맺어서는 안 된다. 그렇다고 해서 여러

날, 여러 주까지 그 일을 끌고 가도 안 된다. 몇 분간 간단하게 대화를 나누는 것이 좋다.

◇ 일이 극단적으로 치닫거나 그렇게 될 거라고 느껴지면, 전문가를 찾아 상담을 받는 게 좋다. 당신의 인생에서 그 사람이 어떤 영향을 끼치는지 구체적으로 말한 다음 어떻게 해야 할지 의논하자.

그들은 비난과 비판을 감당하지 못한다

주변의 누군가가 자기애성 고도갈등 성격의 소유자라는 사실을 알게 된다면 어떤 상황에서도, 설사 그가 끔찍하고 폭력적이라고 해도 절대 그를 비난하고 비판해서는 안 된다. 그는 당신을 수년 동안 비난의 표적으로 삼아 사소한 비판에도 반응할 것이다.

그들은 비난과 비판을 감당하지 못한다. 직설적으로 행동하지 않는 것이 그들과 관계를 잘 풀어가는 방법이다. 현명하고 전략적으로 생각하자. 자기애성 고도갈등 성격의 소유자를 직접적으로 공격하면 그 순간에는 기분이 나아질지 모르지만 나락으로 곤두박질친 상황에서 벗어나려면 몇 달에서 몇 년이 걸릴 수도 있다.

가끔 적절한 칭찬과 인정이 성난 그들의 폭주 속도를 늦추거나 아예 멈추기도 한다. 그러나 그들이 실제로 한 일에 대해서만 인정해야 한다. 그렇지 않으면 그들은 의심을 하고 더 독살스럽게 당신을 비난하고 공격할 것이다.

경계선 고도갈등 성격의 소유자가 자신의 마음에 든 사람과 가까워지는 속도는 정말 놀라울 정도다. 그들에게는 일반적인 사람이 생각하는 경계선이 거의 존재하지 않는다. 친구나 동료 사이에서도 마찬가지다. 그들은 자신을 대신해 우리가 다른 사람에게 당장 뭔가를 해주기를 바라기도 한다. 꺼림칙한 일이라도 말이다. 이럴 때 우리는 처음에 느꼈던 불편함을 무시하고, 그 부탁을 들어주곤 한다. 부탁을 거절하면 마치 뭔가 잘못한 것처럼 느껴지기 때문이다. 그의 말에 사로잡힌 나머지 그를 안쓰럽게 생각하기 때문일 수도 있다.

2부
다섯 가지
유형

4 장

자꾸 선 좀 넘지 말아줄래?

: 경계선 고도갈등 유형

“

버림받을까 두려운 사람

경계선 고도갈등 유형의 특징

”

어쩌면 당신은 대단히 매력적이고 사교적이며 이성적인 누군가를 알고 있을지도 모른다. 어느 한 순간에만 말이다. 그 사람은 갑자기 당신을 윽박지르고 비난하고 공격한다. 말로든, 경제적으로든, 공개적으로든, 육체적으로든 말이다. 당신을 열렬히 사랑하는 듯했던 그는 한순간 당신을 증오하는 모습으로 돌변한다. '내가 뭘 어떻게 했지?' 당신은 스스로 이렇게 물어볼지도 모른다. '어떻게 해야 이 상황에서 벗어날 수 있을까?' 당신은 바로 경계선 고도갈등 성격의 소유자와 마주하고 있다.

경계선 성격 장애는 자기애성 성격 장애만큼이나 흔하다. 2008년 미국립보건원 보고서에 따르면 6퍼센트에 가까운 인구가 경계선 성격 장애를 갖고 있다. 자기애성 성격 장애가 6.2퍼센트라면 경계선 성격 장애는 5.9퍼센트로,[1] 북미에만 2천만 명 정도이다.

정신병원과 외래 환자 진료소, 법적 논쟁에서 얻은 나의 경험에 비춰 때, 경계선 성격 장애를 가진 사람 가운데 절반 이상이 비난의 표적이 있는 고도갈등 성격의 소유자일 거라고 추정한다. 그들은 한 사람에게 대단히 집중하는 관계를 맺는데, 그러다가 몇 주나 몇 개월이 지나, 너무 한 사람에게만 집중한 탓에 관계가 틀어지면 그 사람에게 더 심하게 집중한다. 연인 관계이건 가족 관계이건 비즈니스 관계이건 모든 관계에서 그런 식이다.

하지만 경계선 성격 장애라고 모두가 고도갈등 성격인 건 아니다. 자신의 문제에 대해 어떤 개인보다는 세상을 탓하는 이들도 있다. 경계선 성격의 소유자는 왜 자신이 원하는 대로 일이 풀리지 않는지, 왜 사람들이 자기 곁에 가까이에 머물지 않는지를 이해하지 못한다. 이들 가운데에는 자살을 시도하거나 자살하는 경우도 있다. 어떤 이들은 자신의 감정에 대한 통제력을 얻고자 자해를 한다. 그러나 경계선 고도갈등 성격의 소유자는 특정한 비난의 표적을 갖고 있다. 그들은 수개월에서 수년 동안 표적을 감정적으로 괴롭히거나 법적으로 소송을 걸거나 육체적으로 학대한다.

방금 얘기했던 미국립보건원 보고서에는 경계선 성격 장애의 53퍼센트가 여성이고 47퍼센트가 남성이라고 나와 있다.[2] 성별 차이가 약간 있긴 하지만 확연히 나는 건 아니다. 이전 연구보고서인 《정신장애진단 및 통계편람 4판》에 익숙한 심리학 전문가들에겐 놀랄만한 일이었다. 그들은 경계선 성격 장애는 여성에게 훨씬 많다고 가르쳐왔기 때문이다. 그러나 훨씬 확장된 미국립보건원 연구(《정신장애진단 및 통계편람 5판》에 포함되어 있다)에 기초해 이 점은 더 이상 사실로 받아들여지지 않는다.

경계선 성격 장애 가운데 일부는 보복과 변명을 일삼는다. 그들은 자신들이 버림받았다며 학대자(실제로는 그들의 비난의 표적)를 고소해 법정에 세운다. 일부는 실제 희생자로 보호가 정말 필요한 경우일 수 있다. 하지만 대부분은 자신을 '삶의 희생자'라는 감옥에 가두고 과거의 연인이나 직장 상사, 친구에게까지 사소하거나 실제로 존재하지 않은 일을 두고 보복을 한다. 그리고 그런 자신을 너그러이 봐준다.

다른 이에게 끊임없이 매달리는 이유

《정신장애진단 및 통계편람 5판》에 따르면, 아홉 가지 특정 성격 특징 중 다섯 가지 이상을 보이면 경계선 성격 장애로 진단한다. 다음 세 가지 핵심적인 특징을 보이는 경계선 성격 장애 소유자는 심한 갈등 상황을 일으키는 고도갈등 성격일 가능성이 높다.

◇ 버림받을까 봐 두려워한다. 끊임없이 매달리고 안심이 되는 말이나 행동을 찾으려 한다.
◇ 호의적인 태도와 분노 사이를 빠르게 오간다. 감정 기복이 심하다.
◇ 분열적 성향을 보인다. 사람들을 모두 좋게 보거나 모두 나쁘게 본다.

버림받는 것에 대한 두려움은 경계선 성격 장애의 가장 근본적인 성향이다. 다른 사람에게 매달리는 이유가 바로 이 때문이다. 그들은 자신의 배우자에게(이혼하겠다며 위협하지만 진심인 경우는 거의 없다), 주변의 전문가들에게(주치의, 심리치료사, 목사, 변호사를 계속 호출하는 식으로), 가까운 친구에게(직장이나 모임에서 이제 막 만난 사이일 수 있다), 그리고 가족에게(가족에 대한 지나친 의존과 분한 마음을 결코 놓지 않는 식으로) 끊임없이 자신을 봐주고 안심시켜 달라고 매달린다. 바로 이 때문에 초기 몇 주간이나 몇 달간 사람들은 그들에게서 호의적인 면만 본다. 그러나 그들은 계속해서 더 많은 요구를 하고 결국 가장 가까운 사람들마저도 밖으로 밀어낸다. 한동안은 자신의 고도갈등 성향을 숨길 수 있지만 대개 9~12개월 이상을 넘어가지 않는다.

만약 당신이 자신을 진짜로 버렸다고 느낀다면, 그들은 분노를 터뜨리고 만다. 당신에 대해서 안 좋은 소문을 퍼뜨릴 수 있다. 이를 '왜곡 운동distortion campaign(자신이 목표로 삼은 사람의 명성을 해침으로써 그 사람의 인간관계를 파괴하고자 하는 경계선 성격 장애의 전형적인 행동 특징-옮긴이)'이라고 한다. 육체적으로 학대할 수 있으며(최악의 경우 죽일 수도 있는데, 그러고 나서 바로 후회한다), 법원에 고소하고(주변의 전문가를 상대로 하는 경우가 많다), 경찰에 신고하고(예를 들어 배우자가 이혼을 요구할 경우), 끔찍한 범죄(아동 성 학대, 성폭력, 테러 등) 혐의로 고발한다. 전혀 사실이 아님에도 말이다. 이때 조사에 협조하는 게 최선이다. 그래야 오해받지 않는다.

경계선 고도갈등 성격의 소유자는 주변의 다른 사람도 비난의 표적을 등지게끔 만든다. 고도갈등 성격의 소유자가 얼마나 끈질긴지 봤기에 끼어들고 싶지 않아서 피하고 만다.

숨기는 자와 드러나는 자

경계선 고도갈등 성격의 두 가지 유형

《경계선 성격 장애 가족을 위한 필수 안내서 The Essential Family Guide to Borderline Personality Disorder》[3]의 저자 랜디 크리거 Randi Kreger는 경계선 성격 장애에 '비전형적 unconventional 유형'과, '전형적 conventional 유형'이 있다고 말한다. 비전형적 경계선인 경우 직장이나 지역 사회에서는 잘 지내고 존경을 받기도 하지만 가까운 관계에서는 어려움을 겪는다. 그들의 들쭉날쭉한 기분 변화를 꽁꽁 싸매 동료나 이웃, 직업적으로 알고 지내는 사람에게는 몇 년 동안 숨기기도 한다. 그러나 가까운 사람, 예를 들어 연인이나 배우자, 직속 부하나 동업자는 있지도 않은 공격에 대한 의혹이나 사소한 문제로 그 사람들이 화내는 걸 자주 본다.

비전형적 경계선 고도갈등 유형의 행동은 대개 문 뒤에서 벌어지기 때문에 가상의 사례를 들어보겠다. 2006년 영화 〈악마는 프라다를 입는다〉의 등장인물 미란다 프리슬리를 떠올려보자. 강력한 권한을 가진 패션 잡지 편집장인 미란다 프리슬리는 자신의 신입 비서 앤디를 괴롭힌다. 미란다는 매력적인 스승처럼 행동하다가 심하게 화를 내며 앤디를 비난한다. 앤디에게 특별한 과제와 기회를 주고 앤디가 작은 실수라도 하면 그녀를 해고하겠다며 위협한다. 미란다의 급격한 기분 변화는 비전형적 경계선 성격 장애의 특징에 맞아 떨어진다.

앤디는 미란다를 만족시키려고 애를 쓰면서 미란다의 계획에 휘말린다. 비난의 표적이 보이는 전형적인 행동이다. 미란다는 자신의 직원들에게 호의를 베풀다가 다음 순간 뒤통수를 치면서 좋은 직원과 나쁜 직원을 '나눈다'. 마침내 앤디는 일을 그만둔다.

전형적 경계선 성격 장애를 가진 사람들은 일반적으로 문제가 더 분명하게 드러난다. 일하는 것조차도 힘들고, 심각한 감정 변화와 분열로 인해 자기 파괴적인 행동을 많이 한다. 이 그룹에서는 자살을 시도하거나 자살하는 일이 흔하게 벌어진다. 팔과 다리를 면도날, 칼, 펜으로 상처를 내는 자해 행동은 주로 전형적 경계선 성격 장애와 관련 있다. 가족과 친구가 자신과의 관계를 포기하는 걸 막으려고 자살로 위협할 가능성이 높고, 실제로 자살하는 경우도 있다.

경계선 고도갈등 성격의 소유자는 문제를 자신과 가까운 사람 탓으로 돌리기 때문에 그들의 비난의 표적은 모순되는 감정이 교차하는 상태에 빠져 이러지도 저러지도 못 한다. 그 사람을 도와주려는 마음도 있지만 문제 행동이 계속되거나 심해지기 때문에 그 사람으로부터 떨어지려고 한다. 이런 관계에 있는 사람들은 그 사람을 도와주려고 상담을 알아보는 경우가 자주 있다.

양극단을 오간다면

경계선 고도갈등 유형 판별법

일부 경계선 고도갈등 성격의 소유자는 관계를 시작할 때부터 극단적이다. 화를 내고, 걱정하고, 요구하는 사항이 많다. 그러나 대개의 경계선 고도갈등 유형은 처음에는 대단히 사교적이고, 매력적이며, 에너지가 넘치고, 사랑스럽고, 매혹적이기까지 하다. 그러나 곧 다른 누군가에게 특히 화를 내면서 자신이 그 사람으로부터 괴롭힘을 당하고 있다며 끔찍한 이야기를 한다. 그들은 그 사람에게 벌을 주거나 복수를 하는 데 다른 사람의 도움을 바라기도 한다. 또는 자신을 약한 사람처럼 보이게 위장하고 동정심을 유발해 끌어들이기도 한다. 그들은 자신을 신경 써 달라고 하거나 사람들(직장 상사, 과거 애인, 가족이나 예전 친구 등)로부터 당한 다양한 학대에서 자신을 보호해 달라고 한다. 학대를 당했다는 그들의 말이 사실일 수도 있다. 그렇다 하더라도 우리의 인생을 저당 잡힐 만큼의 큰 요구를 할만한 이유가 되지는 않는다.

경계선 고도갈등 성격의 소유자가 자신의 마음에 든 사람과 가까워지는 속도는 정말 놀라울 정도다. 그들에게는 일반적인 사람이 생각하는 경계선이 거의 존재하지 않는다. 친구나 동료 사이에서도 마찬가지다. 그들은 자신을 대신해 우리가 다른 사람에게 당장 뭔가를 해주기를 바라기도 한다. 꺼림칙한 일이라도 말이다. 이럴 때 우리는 처음에 느꼈던 불편함을 무시할 수도 있다. 그 사람이 엄청 대단해 보여서일 수도 있고, 그의 부탁을 거절하면 마치 뭔가 잘못한 것처럼 느껴지기 때문일 수도 있다. 아니면 그의 말에 사로잡힌 나머지 그를 안쓰럽게 생각하기 때문일 수도 있다. 이렇게 급속도로 친밀해지는 일은 그들이 관계를 얼마나 소란스럽고 난폭하게 이끌어갈지를 알려주는 복선일 경우가 많다. 관계를 끝맺을 때도 마찬가지다.

이러한 이유 때문에 중요한 인간관계, 예를 들어 결혼이나 동업 등 장기적인 관계를 맺기 전에 1년 정도는 기다려보는 게 중요하다. 만약 당신과 관련한 누군가가 경계선 고도갈등 유형이라는 의심이 든다면 우선 WEB법을 써보자.

1. 말(W)

모 아니면 도 식의 말을 살펴보자. "사람들은 항상 날 버려요."나 "사람들이 항상 날 이용해요. 하지만 지금은 스스로를 지켜나가면서 맞서고 있어요."라는 식의 말은 많은 고도갈등 성격의 소유자가 남의 마음을 사로잡을 때 쓰는 표현이다. 이를 통해 그들은 자신의 갈등을 재구성해서 남을 자기 쪽으로 끌어들인다. 오랫동안 학대를 당한 후 마침내 굳건해졌다고 믿게 하기 때문이다. 나중에서야 우리는 그들이 항상 강하고 폭력적이었으며, 자신을 삶의 희생자로 느낄 뿐이라는 것을 깨닫는다. 임상심리사이자 변호사인 나 역시도 경계선 고도갈등 성격의 소유자가 만든 이런 식의 말에 여러 번 걸려들었다.

다른 사람에 대한 극렬한 분노는 경계선 고도갈등 성격의 소유자가 하는 말에서 나타나는 또 다른 특징이다. 통제되지 않는 감정을 보여주는 것이다. 그들이 다른 사람에 대해 하는 말이 언젠가는 당신에게도 똑같이 적용된다는 점을 알아야 한다. 그들은 사람을 이상적으로 생각하는 경향이 있어서 누군가를 받들어 모실 정도로 칭찬하다가 다음 순간 깔아뭉갠다. 만약 그들이 당신을 최고라고 생각한다고 말한다면, 그들의 믿음을 더 단단하게 만들어서는 안 된다. 대신에 당신이 얼마나 평범한 사람인지를 강조해야 한다. 그런 다음 뒤로 물러나야 한다.

2. 감정(E)

경계선 고도갈등 성격의 소유자는 자신이 집중하는 사람의 감정을 강렬하게 자극하는 경우가 많다. 처음에는 강렬한 감정이 긍정적으로 작용한다. 친구, 직원, 상사, 이웃, 애인 등 주변의 누군가가 자신을 아무런 제약 없이 좋아한다면 기분이 들뜰 것이다. 그러나 기억해야 한다. 극단적인 매력, 극단적인 관심, 극단적인 사랑과 애착은 난처한 상황의 징후일 수 있다.

일반적인 우정이나 사랑을 경계선 고도갈등 성격의 성향과 어떻게 구분할 수 있을까? 시간을 가져야 한다. 가끔씩은 그 사람으로부터 떨어져 시간을 보내야 한다. 그 사람이 당신에게 화가 났을 때 무슨 일이 벌어지는지 살펴봐야 한다. 당신과 심한 갈등을 빚기 전에도 심하게 부정적으로 반응하는 경우가 있기 때문이다.

연인 관계라면 중요한 결정을 내리기 전에 1년은 기다려야 한다. 보통 12개월 안에 지속될 사랑인지, 경계선 고도갈등 유형이 만든 강렬한 감정인지 구별할 수 있다.

또한 그들의 부정적인 행동을 눈치 챘을 때 당신이 이를 부인하는지 스스로 점검해야 한다. 그들이 마음에 불어넣은 강렬한 긍정적인 감정 때문에 그들의 부정적인 행동을 받아들이기 힘들어하는 경우가 자주 있다. 애인이든, 직원이든, 상사든, 친구든 간에 말이다. 이런 식의 부정은 앞으로 일어날 위험을 내다볼 수 없게 가로막는다. 당신에게 소리를 치거나, 당신의 신용카드를 가져가거나, 당신에게 중요한 뭔가를 부수거나, 당신을 때리는 것은 당신이 기대했던 미래가 아닐 것이다. 어떤 관계든 가끔씩 멈춰 서서 앞으로 어떻게 될지 생각할 필요가 있다. 경계선 고도갈등 성격의 소유자와 관계가 있다는 생각이 든다면 특히 그렇다.

이들과 엮였다 싶을 때 드는 일반적인 기분은 다음과 같다.

◇ 너무 강렬하다.

◇ 너무 빨리 진행된다.

◇ 당신의 경계선을 존중받지 못한다는 기분이 든다. 대개의 사람이 당연하다고 여기는 경계선과 당신이 필요에 의해 공개적으로 설

정한 경계선 둘 다 말이다.

◇ 불편할 정도로 자신에게 충실할 것을 기대한다. 예를 들어 다른 사람과 다툼이 있을 때 항상 자기편을 들어줘야 하고 자신이 싫어하는 가족이나 친구는 당신도 보지 않기를 바란다.

마지막으로 다른 사람이 어떻게 생각하는지 알아보자. 당신이 신뢰하는 사람들에게 진솔한 대답을 요구해야 한다. 이웃이 정말 무책임하거나 위험한 사람으로 보이는지, 새로 온 직원이 당신을 이용하고 있는지, 상사가 성격 파탄자인지, 아니면 단지 오늘 기분이 안 좋은 날인 건지, 설레는 새로운 관계를 천천히 끌고 가고 싶은 게 잘못된 건지 묻자.

3. 행동(B)

몇 년 전 어떤 친구가 자신이 좋아하는 한 남자와의 두 번째 데이트에 대해서 얘기한 적이 있다. 그 둘은 뭔가를 얘기하면서 걸어가는 중이었는데, 갑자기 그 남자가 그녀의 말에 부정적으로 반응하더니 그녀의 엉덩이를 가볍게 찰싹 때렸다. 놀란 그녀는 그에게 말했다. "이건 뭐죠?" 그는 아무것도 아니라고 대답했다. 이 일을 빼고 그는 괜찮은 남자로 보였다. 그는 그녀에게 관심이 아주 많았고, 둘은 공통점이 많았다. 그러나 그 행동이 그녀를 불편하게 했다. 마치 선을 넘어온 것처럼 느껴졌다. 그녀는 달리 뭐라고 할 말이 없었다.

나 역시 그건 선을 넘은 행동이라는 점에 동의한다고 그녀에게 말했다. 그리고 그녀에게 물었다. 그녀가 알고 있는 90퍼센트의 남자라면 두 번째 데이트에서 그런 행동을 할 것 같냐고 말이다. 그러자 그녀는 그렇지 않다고 말하며, 비슷한 일을 겪은 적이 없음을 깨달았다. 나는 그녀의 말에 한 번 더 동감했다. 내가 다룬 가정 폭력의 대다수 사례를 보면 부정적인 육체적 접촉(공격적인 행동)이 발생하기 몇 주나 몇 개월 전에 그런 식의 일이 있었다. 내 친구가 경험한 일이 바로 초기의 경계 징후다.

아무리 사소한 것일지라도 90퍼센트의 남성이 그런 식으로 행동하지 않을 것 같다면, 그건 고도갈등 성격의 초기 경계 징후일 수 있다. 그것은 겉으로 드러나지 않은 육체적인 학대의 패턴일 수 있다. 그래서 그런 식의 행동을 아무렇지 않게 하고 정당화하는 것이다. 결국 그 남자는 아무것도 아니라고 대답했다. 뜻하지 않은 우발적인 일이었다고 변명하거나 사과하는 대신에 말이다. 그 일에 대해 전혀 어색하거나 불편해하지 않는다는 사실은 이런 식의 행동이 그에게는 흔히 있는 일이라는 것을 암시한다. 좋은 징조가 아니다. 그녀는 그 남자와의 데이트를 그만두었다.

그땐 왜 몰랐을까?

이 책의 앞부분에서 우리는 카라와 톰의 상황을 들여다보았다. 성격 인지 기술을 적용해 더 자세하게 살펴보자.

1. 말(W)

결혼하려고 혼인신고서를 작성할 때 그녀가 서른다섯 살이라는 것을 확인하고 톰은 깜짝 놀랐다. "아니. 이게 대체 뭐야?" 하고 톰은 외쳤다. "걱정할 것 없어."라고 카라는 대꾸했다. "너도 알지만 모든 여자들이 그렇게 해. 다들 나이를 속여."

카라가 한 말에 신경이 쓰이는가? 그녀가 나이를 속였다면, 다른 것들에 대해서도 거짓말을 하지 않을까? 게다가 톰에게 자신이 한 거짓말을 직접 얘기한 것도 아니다. 톰이 발견한 것이다.

2. 감정(E)

결혼 후 카라는 누군가와 항상 갈등을 겪었다. 그녀는 자신의 적들이 얼마나 나쁜 사람들인지를 오랜 시간 동안 톰에게 떠들어댔다. 어느 날에는 친구와 가족, 직장 동료들 모두가 그녀를 화나게 하더니 그다음 날에는 모두가 그녀에게 가장 소중한 사람들로 바뀌었다. 또 다음 날 그 사람들은 다시 그녀의 원수가 되었다.

처음에 톰은 카라에 대해서 매우 긍정적으로 생각했다. 이로 인해 경계 징후를 제대로 볼 수 없었다. 그녀의 잦은 기분 변화로 인해 톰은 점점 더 힘들어졌다. 카라에 대해서 나쁜 감정을 느끼고 분노했다가 어쩌지 못 하는 무력감을 느끼는 등 오락가락하는 자신을 발견했다. 만약 그가 1년을 기다렸더라면 어땠을까? 카라의 잦은 감정 변화 때문에 혼란을 겪고, 그녀의 불평 때문에 불만이 쌓이는 패턴이 경계 징후였음을 눈치챘을 것이다.

3. 행동(B)

톰은 카라에게 홀딱 반했다. 열렬한 교제 후 그들은 그녀가 하자는 대로 약혼하고 결혼했다. 단 두 달 만에 일어난 일이다.

만난 지 두 달 만에 결혼하자는 건 우려할만한 행동이다. 서로의 성격이나 과거를 제대로 알기에 시간이 충분하지 않기 때문이다. 만난 지 얼마 안 돼서 결혼한 다음 30년, 40년, 50년, 평생 동안 성공적으로 결혼생활을 이어간 경우도 많이 있다. 그러나 30년, 40년, 50년 전에는 성격 장애와 고도갈등 성격을 가진 사람의 수가 지금보다 적었다. 미국립보건원 연구보고서에 따르면 연령이 높은 그룹에서 성격 장애가 더 적게 나타났다.

만약 톰이 성격 인지 기술을 계발했다면, 카라의 잦은 기분 변화와 양극단적인 패턴에서 경계선 성격 장애를 식별했을 것이다. 둘이 만나고 1년이 되기 전에 카라가 경계선 고도갈등 성격의 소유자임을 알리는 다수의 경계 징후가 있었다.

“안 돼”라는 말을 조심하라

경계선 고도갈등 유형을 피하는 법

경계선 고도갈등 성격의 소유자는 상당히 빨리 자신의 극단적인 성격을 보여주는 경우가 많다. 그렇기 때문에 사람들은 그를 피해야 한다는 것을 금방 알아챈다. 그럼에도 어떤 관계든 조심스럽게 시작하는 게 좋다. 불편하게 느끼는 어떤 일을 하려고 스스로를 압박하면 안 된다. 가장 친한 친구가 되어주겠다고 약속하거나 문제를 해결해주겠다는 식으로 그들을 '과도하게 배려함으로써' 그들의 걱정과 극단적인 성격을 잠재우려 해서도 안 된다. 사람들은 경계선 고도갈등 성격의 소유자를 달래려고 그렇게 말하곤 한다. 하지만 자신이 지치면 그들을 팽개쳐버린다. 다음은 이런 식의 압박이 직장에서 어떻게 생겨나는지 보여주는 사례다.

거절의 방법

조지는 몇 년간 한 회사에서 일했다. 마이클이 그 회사에 입사했고, 조지는 마이클을 환영하며 그의 근무 첫날 점심을 함께 먹었다. 마이클은 주말에 만나 함께 야구 경기를 보러 가자고 제안했다. 주말이 다가오자 마이클은 경기 후에 저녁도 함께 먹어야 한다고 말했다.

조지는 함께 즐거운 주말을 보냈지만 마이클이 두 번의 결혼과 이혼, 아이들로 인한 지속적인 갈등 등 상당히 개인적인 이야기를 공유하자 다소 불편함을 느꼈다. 마이클이 다음 주말에도 야구 경기를 보고 저녁 식사를 함께하자고 했을 때, 조지는 다소 거북함을 느꼈지만 마이클의 기분을 상하게 하고 싶지 않아서 승낙했다. 조지는 또 마이클의 개인적인 갈등에 대해 들으며 진이 빠지는 느낌을 받았다. 그래서 마이클이 또 주말에 같이 시간을 보내자고 했을 때, 조지는 '너무 많은 시간을 함께 보내는 게 불편한' 느낌이 든다고 하면서 몇 주간 '쉬자'고 말했다. 마이클은 꽤 실망하는 것처럼 보였지만 별말 하지 않았다.

그다음 주 회사에서 마이클은 조지에게 공개적으로 적대감을 드러냈다. 조지의 동료 가운데 한 명이 조지에게 와서 마이클로부터 이상한 이메일을 받았다고 말했다. 조지를 뺀 팀원 전체에게 보내진 그 이메일에는 조지가 얼마나 성격파탄자인지 고발하는 내용이 담겨 있었다. 둘이서 나눈 대화에 대한 과장과 뻔한 거짓말이 들어 있었다.

조지는 이를 무시했다. 하지만 그의 상사가 마이클과 조지를 방으로 불렀고, 조지는 자신을 변호하느라 애를 썼다. 상사는 그들의 '우정'에 대한 어떤 공개적인 얘기나 이메일도 사내에 떠돌아다니지 않길 바란다고 말했다. 조지는 마이클의 행동에 모욕감을 느꼈다. 마이클의 수준으로 끌려 내려온 기분이었다.

다음에 일어날 수 있는 일은 사무실 상황에 따라 달라진다. 마이클과 같은 경계선 고도갈등 성격의 소유자가 회사를 그만두는 경우도 있다. 사무실이 서서히 부글부글 끓어올라 모든 사람이 달걀 껍데기 위를 걷듯 불안해지는 경우도 있다. 조지와 같은 처지에 있는 사람이 자신과 가까운 동료들로부터 도움의 손길을 받고 불쾌한 기분에서 벗어나 나아지는 경우도 있다. 상사가 각각의 말을 듣고 마이클이 문제를 일으키는 걸 알아내고서, 수습기간이 끝나면 그를 고용하지 않기로 결정하기도 한다.

만약 조지가 경계선 고도갈등 성격에 대해 알고 있었다면, 두 번째 주말도 함께 보내자는 제안에 거북함을 느꼈을 때 마이클과의 관계를 피했을 수도 있다. 그리고 마이클의 제안에 대해 "안 돼."라는 대답을 직접적으로 하지 않았을 것이다. 대신 다음 주말은 바쁘다거나 신경 써야 할 일이 있다고 말했을 것이다. 실제로 대부분의 경우 이 말은 사실이기 때문이다. 마이클이 어떻게 말하든 일을 개인적인 문제로 만들지 않는 게 경계선 고도갈등 성격의 소유자를 대할 때 아주 중요하다.

이 사례는 이웃이나 친구, 연인 등 어떤 상황에든 적용할 수 있다. 다음 만남을 거절하는 데 거짓말을 하라고 조언하는 건 아니다. 어쩔 수 없는 문제로 보이게 하라는 말이다. 경계선 고도갈등 성격의 소유자(그리고 대다수 고도갈등 성격의 소유자)는 공개적으로 자신이 거절당할 때 방어적이 된다. 천천히 뒤로 물러나거나 애초에 그들과 얽히는 걸

피하는 게 상책이다. 선을 밀고 넘어오는 건 그들에게 아주 흔한 일이다. 시작부터 그럴 것 같으면 재빠르면서도 조심스럽게 관계를 끝낼 준비를 해야 한다.

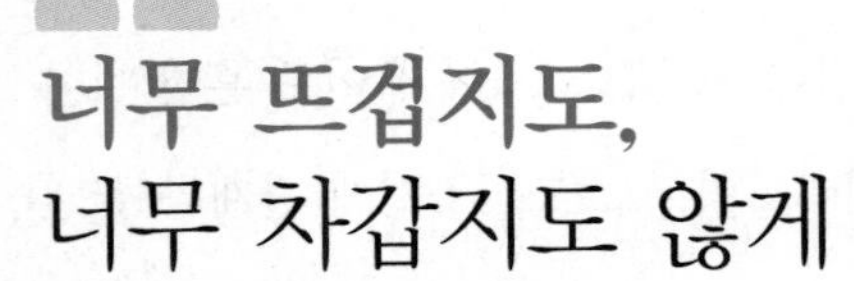

너무 뜨겁지도, 너무 차갑지도 않게

경계선 고도갈등 유형을 대하는 법

만약 경계선 고도갈등 성격의 소유자와 (예를 들면 가족으로서) 지속적인 관계를 이어가야 한다면, 당신은 그 사람이 당신을 비난의 표적으로 삼지 않을 정도로 선을 긋는 데 많은 노력을 해야 할 것이다. CARS법을 적용해보자.

1. 연결하기(C)

그들의 좌절과 혼란을 이해하며 일이 잘 풀리기를 바란다고 말하자. 몸짓과 말을 통해 공감을 표현해야 한다. 그들은 다른 사람들과의 갈등에 대해 자주 이야기한다. 당신도 그들과 같은 생각이길 원하기 때문에 이 점에 대해서는 냉정하게 말해야 한다.

"굉장히 혼란스러워 보이네요. 뭐로 싸울지를 잘 택해야 한다는 점을 기억하세요. 바라건대 시간이 지나면 괜찮아질 거예요."

이렇게 하면 그들의 말에 동의하거나 부정하지 않으면서 그들의 싸움에 말려들지 않고 상황을 피하는 데 도움이 된다.

2. 분석하기(A)

그들이 결정해야 할 사항들을 살펴보고, 선택에 따라서 결과가 어떻게 달라질지 파악하도록 도움을 줄 수 있다.

"지금 당장은 당신이 혼란스럽고, 그 사람과 맞서고 싶다는 걸 나도 알겠어요. 하지만 일단 당신이 가진 선택지와 각각에 대한 장점이 무엇인지 같이 살펴봅시다. 싸우면 상황이 더 나빠질 수 있어요. 가끔은 지나가게 놔두는 게 나을 때도 있어요. 그 사람이 당신에 대해 어떻게 생각하든 상관없다고 자신에게 말해보세요."

3. 반응하기(R)

잘못된 말이나 적대감에는 가능한 한 빨리 정확한 정보를 통해 짧고 간단하게 반응해야 한다. 앞서 설명한 BIFF 반응법으로 말이다. 예를 들어 다음과 같이 화가 난 어조의 이메일을 받았다고 가정해 보자.

보낸 사람: 메기

제목: 마리아와 안젤라

내용: 당신들이 우리에게 보내야 하는 보고서가 늦어지는 것에 대해 팀이 용인해줄 거라고 생각한다면 착각이에요. 프로젝트를 늦게 끝낸다면 다시는 당신들과 얘기하지 않을 거고 당신들이 해고당하도록 우리가 가진 모든 힘을 동원할 거예요.

보낸 사람: 마리아

제목: 안녕하세요, 메기.

내용: 당신의 이메일을 받았고, 우리는 당신이 염려하는 프로젝트 마감 시한에 대해서 함께 얘기를 나눴어요. 걱정 마세요. 우리가 맡은 일이 좀 늦어진다 해도, 전체 프로젝트를 마감하기 전 금요일까지는 끝낼 거예요. 결국엔 다 잘될 거라고 생각합니다.

두 이메일의 어조가 다르다는 건 당신도 알 것이다. 메기는 적대적인 성격으로 악명 높을 가능성이 있다. 그녀의 이메일의 어조는 그녀의 삶의 방식이다. 이는 경계선 고도갈등 성격의 소유자에게서 흔히 보이는데, 기저에 깔려 있는 버림받는 것에 대한 두려움(보고서 받는 일이 늦어지는 것에 심각할 정도로 과도하게 반응)과, 모 아니면 도 식의 사고("다시는 당신들과 얘기하지 않을 거고", "당신들이 해고당하도록")도 마찬가지다. 물론 늦어지는 건 함께 일하는 데 있어서 문제가 되는 일이다. 그러나 메기의 이메일은 90퍼센트의 사람들이라면 하지 않을 극단적인 반응이다.

4. 선 긋기(S)

당신이 경계선 고도갈등 성격의 소유자와 함께 일을 하건 가족을 이루건 연애를 하건 간에, 그들이 당신과의 관계에서 기대할 수 있는 바를 명확히 해야 한다. 명확한 선을 긋는 것이 아주 중요하다. 예를 들어 당신이 언제 이야기를 나눌 수 있는지, 그들을 위해 무엇을 할 수 있는지, 그들이 갈등을 빚고 있을 때 어떤 역할을 할 것인지 분명히 해야 한다.

일관성을 유지하는 것 역시 중요하다. 당신이 말한 것을 지켜야 한다. 이전에 "안 돼."라고 했다면, 압박 때문에 자신을 굽히는 대신 이를 고수해야 한다. 압박 때문에 말을 바꾸면 나중에 오히려 더 심한 압박을 불러올 뿐이다.

그 사람과의 만남에서 평정심을 잃지 않고 적정한 거리를 유지해야 한다. 그가 너무 가깝거나 너무 멀게 느끼면 안 된다. 슬프거나 근심이 있거나 화를 내거나 심지어 그의 감정이 당신을 향해 있다고 해도, 감정을 고조시켜서는 안 된다. 롤러코스터처럼 오르내리는 그 사람의 감정을 반영하기보다는 그가 바라봐주기를 바라는 식으로 의사소통을 해야 한다.

버림받는 것에 대한 두려움이 그들의 감정과 행동에 깔려 있다는 점을 기억하자. 그들을 버릴 수 있음을 암시하는 말이나, 그들을 떠날 거라는 위협으로 해석할만한 말은 피해야 한다.

예를 들어 "이 일에 대해서 넌 바보같이 굴고 있어."라거나 "네가 계속 이러면, 난 너랑 같이 안 할 거야."라는 말을 피해야 한다. 90퍼센트의 사람들과 마주할 때 이 말은 어쩌면 정상적이고 사소한 것일 수 있지만, 경계선 고도갈등 성격의 소유자에게는 도움받지 못할 거라는 협박("너는 바보같이 굴었어.")으로, 아니면 강한 거부("너랑 안 할 거야.")로 들릴 수 있다.

당신이 이 말을 하면 그들이 변할 거라고 생각할 수 있다. 하지만 그들은 거부와 거절로만 들을 뿐이다. 만일 경계선 고도갈등 성격의 소유자와 더 이상 함께하지 않으려고 한다면, 그저 실행하면 된다. 그럴 때도 위협을 하면 안 된다.

좋은 이별은 힘들다

경계선 고도갈등 유형과 멀어지는 법

경계선 고도갈등 성격의 소유자와 관계를 끝내기로 결심했다면, 단계적으로 하는 게 도움이 된다. 갑자기 버림받는다는 두려움을 느끼지 않도록 말이다. 문을 확 닫고 나가는 것보다는 그 사람이 감정적으로 적응할 수 있게 서서히 관계를 끝맺는 게 좋은 결과를 가져온다. 관계를 끝맺는 과정도 공감과 관심과 존중하는 태도를 갖고 임해야 한다. "이 자리나 관계에서 나는 떠나려고 해요. 갑작스러운 일처럼 느껴진다는 것은 나도 알아요. 하지만 이 일을 두고 한동안 생각했어요. 당신과 얘기를 나눌 수 있고 궁금한 게 있으면 대답해줄 수 있어요. 하지만 내 결정은 바뀌지 않을 거예요." 아니면 바빠서 한동안은 시간이 나지 않는다고 말할 수 있다. 그런 다음에 만남을 서서히 줄이면 그들에게 큰 충격이 되지 않는다.

반면에 당신이 왔다 갔다 하지 않는다는 점은 분명히 해야 한다. 관계를 왜 끊는지 설명하는 데 너무 많은 시간을 할애해도 안 된다. 상처받은 감정만 심해져 그들이 상실감으로부터 벗어나 앞으로 나아가는 것을 힘들게 할 뿐이다.

다른 사람들이 가족, 이웃, 직장 동료로서 그들과 관계가 깊어지도록 당신을 유도한다고 해도 놀라지 말아야 한다. 그들은 고도갈등 성격의 소유자의 좋은 면만 보았을 뿐 그들의 불안이나 오락가락하는 기분 변화, 특히 분노하는 모습을 본 적이 없다. 이런 사람들 때문에 당신은 외롭다고 느낄 수 있다. 당신이 비난의 표적이 된 후 아무도 보지 못한 폭력적인 행동을 당신만 목격했다면 특히 더 그렇다. 당신의 직관을 따르면서 대다수 사람이 결국에는 당신 편에 설 거라는 믿음을 잃지 않아야 한다.

마지막으로 당신이 고도갈등 성격의 소유자로부터 멀어지는 동안에 그들이 당신과의 우정에 대해 고마워할 거라고 기대해선 안 된다. 그들이 이별을 극복하려면 당신에게 강한 부정적인 감정을 느껴야만 한다. 당신은 그들을 설득해 화를 내지 않도록 할 수 없다. 그리고 그렇게 하려고 해서도 안 된다. 그들이 그렇게 느낀다는 것을 그냥 받아들여야 한다.

하지만 그 사람 주변에 있는 게 너무 위험하거나 그 사람이 심한 압박을 준다면 당장 벗어나야 한다. 아무 탈이 없도록 당신과 그 사람 사이에 친구, 친척, 변호사를 두어서 고도갈등 성격의 소유자가 당신과 직접 만나지 않도록 해야 한다.

언제든 비난의 표적이 될 수 있다

자기애성 고도갈등 성격의 소유자도 마찬가지지만, 경계선 고도갈등 성격의 소유자에게 고도갈등 성격이라거나 성격 장애를 갖고 있다고 말해서는 절대 안 된다. 그랬다가는 자신이 버림받았다고 느끼고 당신에게 최대치의 분노와 공격적인 행동을 표출할 것이다.

언제나 당신이 비난의 표적이 될 수 있다는 점을 주지해야 한다. 경계선 고도갈등 성격의 소유자는 사람들을 '전부 좋거나 전부 나쁘게' 극단적으로 분류하며 불안정하고 극단적인 관계에 집착한다. 멀어지기 전까지 그들과 아주 긍정적인 관계만 가졌다고 해도, 어느새 당신은 완전히 나쁜 사람으로 전락할 수 있다. 시작할 때 큰 기대를 하지 않고 선을 명확히 그어 이런 일을 피하는 게 좋다.

놀랍게도 반사회성 성격 유형은 무척 매력적으로 보이기도 한다. 나는 이것이 가장 흔한 경계 징후라고 믿는다. 그들은 종종 자신이 불행한 환경에 의해 얼마나 희생을 당해왔는지 이야기를 들려줌으로써 사람들을 현혹한다. 그다음 다양한 요구를 해온다. 당신은 그저 그들이 원하는 것을 얻기 위해 도움을 받는 수단에 불과하다.

2부
다섯 가지
유형

5장

그는 사람을 이용하고 버리지, 피도 눈물도 없이

: 반사회성 고도갈등 유형

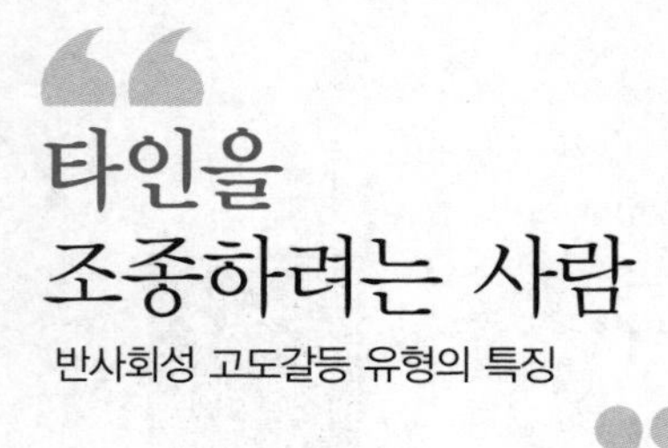

타인을 조종하려는 사람

반사회성 고도갈등 유형의 특징

가장 매력적인 유형이면서 매우 위험한 고도갈등 성격 유형이 바로 소시오패스sociopath이다. 보통 범죄적 성격으로 여겨지지만, 대다수의 소시오패스는 감옥 밖에서 살며 일상생활 속에서 마주칠 가능성이 있다. 그러나 그들의 행동은 사회적 규범과 법의 기준에 어긋나기 때문에 극도로 위험하다.

소시오패스란 용어는 보통 반사회성 성격 장애와 관련 있고, 그 둘은 동일 용어로 간주되는 경우가 많다. 반사회성 성격 장애는 《정신장애진단 및 통계편람 5판》에서 쓰인 용어이다. 반사회성 고도갈등 성격의 소유자는 세 살짜리 아이와 비슷하다. 그들은 자신이 원하는 것을 당장 갖고 싶어 한다. 그들을 가로막으면 우리를 밀치거나, 우리의 위상이나 명성을 파괴하거나, 심지어 우리를 죽일 수도 있다. 그들은 양심의 가책을 느끼지 못하는데, 일부는 사람을 해치는 데에서 즐거움을 느끼기도 한다. 이런 면에서 그들은 여타 성격 유형과 다르다. 다른 성격 유형은 우리 인생을 망가뜨릴 가능성이 있지만 의도적으로 해치려고 하는 건 아니다. 반사회성 고도갈등 성격의 소유자는 지배하려는 욕구에 따라 움직이고, 단지 누군가를 조종하고 통제하려는 느낌을 얻고자 우리 인생을 망가뜨린다.

수십 년 동안 정신과 연구자들은 반사회성 성격 장애가 인구의 3~4퍼센트를 차지한다는 것을 밝혀왔다. 미국립보건원의 대규모 연구에 따르면 인구 가운데 3.6퍼센트가 이 장애를 갖고 있다.[1] 이는 북미에만 3천만 명이 있다는 얘기다.

성별 통계를 보면 반사회성 성격 장애는 남성이 지배적이다. 미국립보건원 연구에 따르면 남성이 74퍼센트를 차지한다.[2] 26퍼센트를 차지하는 반사회성 성격 장애 여성도 남성과 마찬가지로 사회에서 활개 치는 사기꾼, 도둑, 살인자일 가능성이 높다. 나는 반사회성 성격 장애를 지닌 대다수 사람을 고도갈등 성격의 소유자로 본다. 남성이든 여성이든 그들에게 속아 넘어가서도, 매혹되어서도, 그들의 꾐에 빠져서도 안 된다. 사람을 표적으로 삼는 일이 바로 반사회성 고도갈등 성격의 소유자가 하는 일이다. 지금까지 나는 그들에게 완전히 속아 사기를 당한 후에 자책하는 사람을 여럿 보았다.

비록 당신이 처음에는 그들에게 비난의 표적이 아니었을지라도, 그들의 길을 가로막으면 그들은 아무렇지도 않게 당신에게 화를 내고 비난할 것이다. 혹은 당신을 갈취하거나 이용하는 동안에 그들이 만든 갈등으로 당신의 주의를 끌어당기면서 계획적인 혼란이라며 당신을 거세게 비난할 수도 있다.

《정신장애진단 및 통계편람 5판》에는 반사회성 성격 장애를 진단

할 때 고려하는 일곱 가지 성격 항목이 있다. 그중 다음의 핵심적인 특징 세 가지를 보이면 반사회성 고도갈등 성격일 가능성이 높다.

- ◇ 양심의 가책 없이 사회 규칙과 규범과 법을 자주 어긴다.
- ◇ 자신이 원하는 걸 얻기 위해서 다른 사람에게 거짓말하거나 사기를 친다. 기만적이고 부정직하다.
- ◇ 다른 사람들을 지배하려는 충동을 보인다.

요약하자면, 반사회성 고도갈등 성격의 소유자는 다른 사람들을 지배하고 통제하는 것을 즐기고 자신이 지배당한다는 느낌이 드는 상황에 대해서는 저항한다.

타고난 싸움꾼

반사회성 성격 유형의 지배 욕구는 유전적인 요인과 관련 있는 듯하다. 일례로 그들의 심장 박동 수는 대립이나 싸움을 할 때 느려지는 경향이 있다.[3] 이런 상황에서 대부분은 심장이 빨리 뛰어 두근거리지만 반사회성 성격 유형은 갈등을 즐기는 것처럼 보인다. 그들은 관련된 사람들과 상황을 장악할 기회라고 생각하기 때문이다.

일반적으로 그들은 싸움에 끼어들고 싶어 하고, 물러나려 하지 않는다. 심지어 그들 자신이 다칠 수 있다 해도 말이다. 그래서 다른 사람들이 점점 더 주의를 기울이며 조심할 때, 그들은 위험을 무릅쓰고 자극을 찾아다닌다. 그 결과 반사회성 고도갈등 성격의 소유자 가운데 다수는 오래 살지 못한다. 미국립보건원 대규모 연구에 따르면 18~29세 사이의 연령대에서는 반사회성 성격 장애가 6퍼센트 이상 나타나는 반면, 65세 이상의 연령대에서는 0.6퍼센트만 나타난다.[4]

모든 고도갈등 성격이 마찬가지지만, 그들은 지배에 대한 욕구를 충족하고자 스스로를 파괴하고 반사회적이고 범죄적인 행동을 반복한다. 이 때문에 인생의 상당 시간을 교도소 철창 속에서 보내기도 한다.

우리는 일상생활에서 다수의 반사회성 고도갈등 유형과 마주친다. 대부분의 직종에, 특히 다른 사람을 지배하는 힘을 갖는 직업군에 반사회성 고도갈등 성격의 소유자가 존재한다. 그들은 범죄자가 아닐 수 있지만 '반사회적' 행동에 관여한다. 예를 들어 끊임없이 거짓말을 하고, 위험을 감수하고(속도 위반, 세금 횡령, 사업상의 절차나 원칙 무시), 사람들에게 사기를 친다(동시에 여러 여성과 결혼, 인터넷 신용 사기). 대다수가 단지 잡히지 않았을 뿐이다. 적어도 이제까지는 말이다.

놀랍게도 반사회성 성격 유형은 무척 매력적으로 보이기도 한다. 실제로 나는 이러한 점이 초기에 보이는 가장 흔한 경계 징후라고 믿는다. 그들은 종종 자신이 불행한 환경에 의해 얼마나 희생을 당해왔는지 슬픈 이야기를 들려줌으로써 사람들을 현혹한다. 그런 다음에는 도움의 손길을 진지하게 요구하는 경우가 많다. 보통은 경제적인 도움을 바라지만, 사업상 자신이 만나고 싶은 사람과 연결해 달라고 요구하기도 한다. 당신은 그저 그들이 원하는 것을 얻기 위해 도움을 받는 수단에 불과하다.

반사회성 고도갈등 성격의 소유자는 말을 빨리하고 당신의 면전에서 거짓말을 그럴듯하게 하기 때문에 나중에서야 잘못된 점을 깨닫곤 한다. 그렇기 때문에 반사회성 고도갈등 성격의 소유자 대다수가 콘 아티스트con artists (여기에서 'con'은 자신감이나 신뢰를 의미하는 'confidence'를 줄인 말이다. 콘 아티스트는 매우 매력적이고 설득력이 대단해, 자신이 원하는 것을 얻을 때까지 상대방의 신뢰를 얻어내려고 한다-옮긴이)로 불린다. 그들은 자신의 속마음을 털어놓으며 당신을 신뢰하는 모습을 보여주기 때문에 당신은 스스로 생각하는 것 이상으로 그들의 말을 믿게 된다. 만약 당신이 자기 자신에게 의문이 자주 들거나 인생에서 위기를 겪는 중이라면, 반사회성 고도갈등 성격의 소유자가 당신을 이용하지 않도록 각별한 주의를 기울여야 한다.

반사회성 고도갈등 성격의 소유자는 꾸며낸 위기 상황을 통해 사람을 꾀어낼 수 있기 때문에, 사람들은 자신이 깨닫기도 전에 그들과 엮인다. 반사회성 고도갈등 유형은 자신이 원하는 것을 얻으면 자신을 의심하지 않는 다음 희생양을 찾아 사라진다.

잔혹함을 즐기는가, 도구로 사용하는가

반사회성 고도갈등 성격의 두 가지 유형

소시오패스란 말은 보통 반사회성 성격 장애와 관련 있고 둘은 동일 용어로 쓰이는 경우가 많다. 하지만 반사회성 성격 장애를 연구하는 사람들은 일부 소시오패스의 경우 자신이 속한 작은 사회에 대해서는 구성원들에게 어느 정도 공감을 하거나 양심의 가책을 느낀다고 말한다. 그렇기 때문에, 공감 능력도 없고 양심의 가책도 느끼지 않는 반사회성 성격 장애자들보다 소시오패스가 더 많이 존재할 것으로 추정한다.[5] 다만 이 책의 목적은 그들로부터 스스로를 어떻게 지킬지 알아보는 것이기에 소시오패스와 반사회성 성격 장애를 같은 용어로 썼다.

또 다른 용어인 사이코패스psychopath 역시 반사회적 행동을 얘기할 때 흔히 쓰인다. 사이코패스는 독특한 특징을 갖긴 하지만, 포괄적으로 반사회성 성격 장애에 속한다. 많은 정신과 전문가와 법률가는 사이코패스를 반사회성 행동의 최극단인 경우라고 말한다. 극단적인 반사회적 행동에는 사람을 해치는 데서 즐거움을 얻고, 사람을 조종하고 속이는 능력이 높고, 양심의 가책을 전혀 느끼지 않는 것 등이 있다. 상당수의 연쇄 살인범은 사이코패스지만, 어떤 사이코패스는 폭력은 쓰지 않고 매우 잔혹하고 교묘하고 부정직하게 사람을 조종하기만 한다. 사이코패스는 반사회성 성격 장애 가운데 4분의 1 정도를 차지한다. 이는 북미 인구 가운데 약 1퍼센트, 그러니까 3백 6십만 명 정도가 사이코패스라는 말이다.

편의상 나는 반사회성 고도갈등 성격을 두 가지 부류로 나눈다. 이는 어디까지나 내 기준으로, 공식적인 것이 아니다.

◇ 사이코패스이면서 소시오패스: 잠재적으로 매우 잔혹한 사람이다. 순전히 즐거움을 위해 다른 사람의 인생을 망가뜨리고 자신의 잔혹성을 채우고자 사기를 친다.

◇ 사이코패스가 아닌 소시오패스: 일반적인 사기꾼이다. 원하는 걸 얻을 수 있다면 다른 사람이 다쳐도 상관하지 않는다. 그들의 잔혹성은 부차적인 것이다.

본질적으로 둘의 차이는 그들의 동기에 있다. 다른 사람을 해치는 까닭이 우위를 점하기 위해서인가? 아니면 목표를 달성하기 위해서인가? 당신의 목표가 안전이라면, 당신은 둘의 차이를 구분할 필요가 없다. 그러나 두 유형이 존재한다는 것을 알아두어야 반사회성 고도갈등 성격으로 의심되는 사람을 만났을 때 주의를 기울일 수 있다. 잔인한 유형에 대해서는 사회적으로 잘 알려져 있다. 그들은 탐정 소설과 드라마, 영화의 단골 소재이기 때문이다. 하지만 아마도 당신은 경계 징후와 사기꾼 같은 유형에 대해서는 충분히 알지 못할 것이다.

대다수의 소시오패스는 겉으로는 아주 평범한 삶을 살아가지만, 그건 거짓이다. 우리는 오랫동안 그들의 거짓을 알아채지 못할지도 모른다. 우리는 그들의 사업 파트너일 수도 있고, 그들과 결혼할 수도 있고, 아주 유쾌한 이웃으로 지낼 수도 있다.

소시오패스와 반사회성 고도갈등 유형의 특성을 보여주는, 두 가지 아주 다른 유명한 사례를 들여다보자.

교묘한 살인마

테드 번디Ted Bundy는 1970~80년대 활동한 연쇄살인마이다. 미국 연방수사국 추정에 따르면 최소 36명을, 스스로 떠벌리기로는 136명의 여성을 살해했다. 살해된 여성들은 비슷한 모양으로 머리를 길렀고, 곤란한 상황에 빠진 낯선 사람을 기꺼이 돕는 좋은 사람이었다. 번디는 한 번 통한 방법을 반복적으로 썼다. 법대생이었던 그는 자신의 팔이나 다리를 깁스하고서 책을 들고 대학 교정을 거닐었다. 혼자 앉아 있는 젊은 여성을 찾고 가까이 다가가 그녀 근처에서 실수인 척 책을 흘렸다. 그리고 그녀에게 자신의 차에 책을 옮겨 달라고 부탁했다. 그 여성이 차 안으로 몸을 숙이면, 그는 그녀를 차에 밀어 넣고서 차를 몰고 떠났다. 피해자 중에는 열두 살밖에 안 된 소녀도 있었다. 번디는 1989년 사형을 당했다.[6]

그는 아주 교묘하게 사기를 쳤다. 사람들의 일반적인 반응을 제대로 이용한 것이다. 우리는 보통 낯선 사람을 신뢰한다. 우리를 좋아하거나 우리에게 전혀 위협적으로 보이지 않는, 도움이 필요한 이방인에게 특히 더 그렇다. 마치 소매치기가 당신의 시선을 다른 곳으로 유인하면서 지갑을 슬쩍 훔치는 것처럼, 반사회성 성격의 소유자는 재빠르게 당신을 속일 수 있다.

번디의 희생자들처럼, 사람은 대개 그런 상황에서 의심하지 않는다. 게다가 짧은 만남에서 도움이 필요한 낯선 사람이 눈 앞에 있을 때는, 위험 신호를 감지하는 직감도 작용하지 않는다.

실제로 앤 룰Ann Rule은 위기 전화 상담원으로 일하고 있을 때 번디와 우연히 만났는데, 몇 년 지나서 그에 대해 이렇게 말했다. "제가 보기에 테드는 다른 사람의 고통과 자신의 희생자에 대한 지배력으로부터 쾌락을 느끼는 가학적인 소시오패스였어요." 그녀의 책《내 옆의 이방인The Stranger Beside Me》은 베스트셀러가 되었다. 번디에 대해 워낙 자세하고 철저하게 얘기한 점도 있지만, 그녀가 번디를 사적으로 잘 알았기 때문이었다. 그녀만큼 번디를 아는 사람은 별로 없었다. 그러나 그가 연쇄살인마라는 걸 그녀가 알게 될 때까지, 둘이 우정을 나누는 동안에 그녀는 그에게서 전혀 위협을 느끼지 못했다.

번디는 아주 복잡한 어린 시절을 보냈다. 그는 아버지를 알 수 없는 사생아로 태어났다. 태어나고 처음 석 달간 그는 미혼모들이 사는 집에서 살았고, 그동안 그의 어머니는 그를 어떻게 할지 결정하려고 부모님의 집에 가 있었다. 어머니가 그를 집으로 데려온 후 테드는 어머니와 조부모와 함께 살았다. 동물들에게 가학적이며 가족에게 변덕스럽게 화를 내고 위협하던 할아버지도 함께였다.

그의 성장 배경을 고려해보면, 유전적으로 반사회성을 갖고 태어나서 사이코패스의 삶이 예정되어 있었던 것인지, 어린 시절 양심 없는 아이로 성장해 폭력적으로 살아가게 되었는지 확답하기가 어렵다. 사이코패스 성격은 유전적인 영향을 받기도 하지만, 어린 시절과 사춘기 시절 환경에 영향을 받는 경우가 많다. 사이코패스는 인구 가운데 1퍼센트 정도다. 하지만 그들의 성향이 어린 시절부터 강화된다면 수많은 사람에게 피해를 입힐 수 있다.

가족까지 속인 사기꾼

버니 메이도프Bernie Madoff는 2008년 가족과 회사에 모든 게 사기였다고 자백할 때까지 30여 년간 주식투자 회사를 경영했다. 그가 한 것은 폰지 사기Ponzi scheme (투자 사기의 한 수법으로, 신규 투자자의 돈으로 기존 투자자에게 이자나 배당금을 지급하는 방식의 다단계 금융사기-옮긴이)였다. 그는 주식시장에 투자한다는 명목으로 사람들로부터 수백억 달러를 받아 호화로운 생활을 즐겼다. 그의 부인, 동생, 그의 회사에서 일한 자녀, 여러 친구는 그의 사업에 속해 있어서 그가 가진 부를 통해 상당한 혜택을 보았다. 그는 월스트리트와 국가, 자신의 투자자를 비롯해 자신이 아는 모든 사람을 속였다. 여기에는 자선기금, 다수의 연금 기금, 사기 여파로 노후 자금을 잃은 개인들도 포함되어 있었다.

그는 테드 번디와 같은 사이코패스인 걸까? 그렇지는 않은 듯하다. 체포된 후에, 그는 여러 차례 자신을 멈추기 위해 애를 썼다고 말했다. 하지만 결국 그는 자신의 계획을 계속 끌고 갔다. 그가 의도적으로 잔인한 행동을 하려고 했다는 증거는 없다. 그러나 그 결과는 대단히 잔인했다.[7]

그렇다면 그는 소시오패스인 걸까? 많은 사람이 그렇다고 말한다. 메이도프는 사이코패스가 아닌 소시오패스의 사례로 보인다. 번디와 달리 메이도프는 누군가를 해치는 데 즐거움을 느끼지 않았다. 조금은 양심의 가책도 느끼지만 자신의 반사회적 행동을 멈추지 못한 유형으로 추정된다. 체포된 지 2년 후에 그의 아들이 자살했다.[8] 그후 부인은 메이도프와 인연을 끊었고 지금까지 그와 말도 나누지 않는 듯하다.[9]

이 사건에서 사람들이 궁금해하는 것 중 하나는 그의 가족이 그가 벌인 행각이 범죄임을 알고 있었냐는 점이다. 그들도 메이도프와 한패였던 걸까? 가족은 이를 강하게 부인했다. 나는 그들이 몰랐을 수도 있다고 생각한다. 앞서 얘기했듯이 소시오패스는 자신이 원하는 것을 얻기 위해 부정직한 관계를 맺는다. 만일 메이도프가 면밀하고 반복적으로 사람들에게 사기를 쳤다면, 가족을 포함해 주변에 있는 모든 사람을 속였을 가능성이 아주 높다.

물론 폰지 사기를 알고 있던 직원들도 있었다. 메이도프가 그 일을 하려면 누군가의 도움을 받아야 하기 때문이다. 여러 소시오패스가 함께 범죄를 모의했을 수 있다. 그러나 아주 위험한 범죄 행동에 연루된다는 것을 알면서도 매력적인 소시오패스를 만족시켜 그 사람과 가까워지고 싶어하는, 매우 종속적인 관계의 사람들도 있다. 반사회성 성격의 소유자가 대규모 사기를 칠 때는 둘 다인 경우도 흔하다. 물론 돈과 권력, 해외여행이 동기일 수도 있다. 그러나 이런 것들은 아주 강력한 소시오패스 주변에 자신이 함께 존재하고 있다는 데서 오는 들뜬 감정만큼 대단한 동기는 아니다.

내가 반사회성을 지닌 남성과 이혼하려는 여성들에게 도움을 줄 때 규모는 더 작지만 이와 비슷한 이야기가 흘러나오는 모습을 보았다. 그 여성들은 남편의 감춰졌던 행동이 드러나거나 이혼 과정에서 수상한 돈이 나올 때까지 남편에 대해서 전혀 눈치 채지 못했다. 수년 동안 결혼 생활을 유지한 경우도 있었는데, 그동안 남편은 매일 일하러 가는 척하며 실제로는 아내의 가족이 경영하는 사업을 빼앗거나 사기를 치는 경우도 있었다. 이런 사기꾼은 자기 주변의 모든 사람을 계속해서 속인다. 버니 메이도프처럼 끝내 체포되는 경우가 많음에도 말이다.

나도 모르게 그를 돕고 있다면

반사회성 고도갈등 유형 판별법

반사회성 고도갈등 성격의 소유자는 모든 직종에 존재한다. 그중에서도 정치, 치안, 판매업, 경영과 같이 사람들을 지배하고 조종할 수 있는 전문 직종에 특히 많다. 그들 가운데 대다수는 혼자 일하기 때문에 그들의 반사회적인 행동이 잘 드러나지 않는다.

하지만 몇 가지 분명한 징후가 있다. 반사회성 고도갈등 성격의 소유자는 자신의 표적을 선택하고 자신의 의도를 감추는 데 상당한 에너지를 쏟는다. 그들은 순진하고 심약한 사람을 먹잇감으로 삼는 경향이 있다. 누군가에게 도움을 주고 신뢰를 받으려는 사람을 노린다. 때문에 나쁜 행동의 경계 징후를 찾기보다는 과도하게 좋은 행동의 경계 징후를 찾아야 한다. 테드 번디가 했던 것처럼, 도움이 필요한 사람으로 위장해 당신을 조종하는지도 잘 살펴봐야 한다. 그다지 친하지 않은데도 당신에게 과도한 도움을 바라는 사람들을 조심해야 한다.

물론 도움이 필요한 낯선 사람을 도와주지 말라는 것은 아니다. 하지만 그런 사람을 도와줄 때 어쩌면 사기일 수도 있다거나 고립되어 누군가에게 공격당할 수 있음을 잊지 말아야 한다. 사람을 경계해야 한다는 점이 끔찍하게 느껴지겠지만, 당신이 누군가의 표적이 되는 걸 막을 수 있다. 자신을 취약한 상황에 놓이게 하면서까지 낯선 사람을 도와주기 전에 WEB법을 활용하자.

1. 말(W)

처음에는 누구도 100퍼센트 믿어서는 안 된다. 먼저 상황을 확인하자. 누군가가 이상하거나 극단적으로 들리는 말을 한다면 특히 더 그래야 한다. "나를 믿어요."라는 말을 많이 하는 사람은 일단 조심하자.

당신이 얼마나 대단하다거나, 자신이 얼마나 대단한 사람인지를 말하면서 꼬드기는 것을 경계해야 한다. 나와 함께 일했던 사람의 이야기를 예로 들겠다. 그녀는 한 남성과 데이트를 시작했다. 자신이 최고의 친구이자 최고의 아빠라고 자화자찬하는 남성이었는데, 하도 심해서 그녀는 그를 '미스터 원더풀'이라고 불렀다. 나중에 그는 교묘한 거짓말로 사람을 조종하면서 경제적인 파탄을 일으키는 사람으로 드러났다.

자신을 피해자로 여기는 사람 역시 경계해야 한다. 그중 대다수가 실제 피해자이고 적절한 도움을 필요로 한다. 그러나 반사회성 고도갈등 성격의 소유자가 가장 효과적으로 사람을 조종하는 기술은 바로 그들이 크고 작은 일에서 피해자이고 당장 당신의 도움이 필요하다는 엉터리 이야기이다. 당신의 동정심을 강하게 자극하는 절망적인 말은 주의해야 한다.("당신은 진정으로 나를 이해하는 유일한 사람이에요. 당신이 나를 돕지 않으면 안 돼요." "당신이 날 도울 수밖에 없는 위험한 상황에 빠져 있어요. 그리고 당신이 날 도울 거라고 다른 누구에게도 말해서는 안 돼요.") 누군가를 돕기 위해 자신을 위험에 빠뜨리거나 자신의 역량을 사용하기 전에 먼저 상황을 살펴봐야 한다.

당신에게 퍼붓는 극단적으로 부정적인 말도 주의해야 한다. 거칠고 잔혹한 말은 부끄러움이나 죄책감 없이 그 사람을 위해 당신이 뭔가를 하도록 계획적으로 한 말이다.("만약 당신이 좀 더 똑똑했더라면 이 문제를 해결할 수 있을 텐데요." "뭘 그렇게 걱정해요?" "너는 어떤 것도 되지 못 할 거야." "앞으로 그 누구도 당신을 원하지 않을 거예요.")

일관되지 않은 이야기도 주의해야 한다. 반사회성 고도갈등 성격의 소유자는 일상적으로 거짓말을 한다. 아무렇지도 않게 거짓말을 해서 모순되는 말을 놓치거나 의심을 못할 수도 있다. 꾸며낸 이야기를 하는 와중에 완전히 모순되는 말을 하는 것이 그들에게는 아무 일도 아니다. 그들에게서 모순을 발견한 다음 논리적인 설명을 듣고자 그들에게 정면으로 맞설 수도 있다. 하지만 대개 이런 모순되는 말을 들으면 자신이 단지 잘못 기억하고 있거나 잘못 들었을 거라고 간주한다. 바로 이게 그들이 당신을 속이는 방법이다. 스스로를 의심하게 만들고 자신의 기억보다 그들의 말을 믿게끔 조작한다.

일급비밀 활동이라고 하는 말도 조심해야 한다. 반사회성 고도갈등 성격의 소유자는 자신이 미국 연방수사국, 중앙정보국(CIA), 국가안보국(NSA), 아니면 다른 막강한 정보기관에서 일한다고 말하는 경우도 있다. 그들은 자신이 엄청난 프로젝트에 참여하고 있어서 당신과 연락할 수 없는 기간에는 당신의 삶 속에서 완전히 사라져야만 한다고 말한다.

이때 그들은 범죄 활동에 관여하고 있거나 당신이 모르는 다른 가족과 함께 있을 수도 있다. 비밀주의를 통해 그들은 가족과 친구 관계를 유지하면서 경제적, 성적, 직업적인 욕구를 충족하는 자유로운 삶을 누린다. 또한 막강한 정보기관에서 일하고 있다고 말함으로써 자신을 매우 인상적으로 보이게 하며 주변 사람들이 자신에게 어떤 것도 묻지 못하게 한다.

2. 감정(E)

다른 무엇보다도 당신 자신의 직관에 집중해야 한다. 이 말은 직관이 항상 옳다는 것을 의미하진 않는다. 그렇다 할지라도 자신의 직관을 곰곰이 따져보고 확인해야 한다. 다음은 반사회성 고도갈등 성격의 소유자와 함께 있을 때 당신이 느낄 수 있는 감정이다.

◇ 나는 내 삶을 새로운 사람과 함께하게 되어 매우 흥분된다. 그 사람은 우리가 엄청난 부자가 될 것이고, 이국적인 곳으로 여행을 갈 것이고, 상류층 인사들을 만날 것이라고 말했다.
◇ 나는 두려움을 느낀다. 하지만 그럴만한 이유가 없다. 내가 과도하

게 반응하고 있는 게 틀림없다.
◇ 그 사람을 의심하다니 내 자신이 어리석고 부끄럽다.
◇ 그 사람이 나에게 말해준 정보로 인해 고립된 느낌이다. 굉장한 일이지만, 아무에게도 말할 수 없다.
◇ 친구와 가족을 비롯해 나를 지탱해주는 관계로부터 고립된 느낌이다. 그러나 그 사람은 일시적인 느낌일 뿐이라고 말한다.
◇ 반복적으로 어디론가 사라지는 행동에 대한 그 사람의 변명이 의심스럽다.
◇ 그 사람은 포식자이고 나는 먹잇감처럼 느껴진다. 하지만 왜 그렇게 느끼는지 잘 모르겠다.

다른 성격 장애도 마찬가지지만, 극단적인 감정에 조심해야 한다. 대부분의 사람은 다른 사람으로 하여금 특이하거나 극단적인 감정이 자주 들게 하진 않는다. 그런 감정은 경계 징후일 수 있다. 누군가가 당신에게 생각을 심으려고 할 때 당신이 어떤 감정을 느끼는지 항상 확인해야 한다.

3. 행동(B)

반사회성 고도갈등 성격의 소유자는 극단적인 행동을 꾸준히 해왔을 가능성이 높다. 만일 어떤 사람에 대해서 의심스런 감정을 갖고 있다면, 인터넷에서 그 사람에 대해 찾아보거나 지방 법원 기록을 살펴봐야 한다. 그들 가운데 다수는 당신에게 밝히지 않은 범죄 전력을 갖고 있다. 민사 소송을 했을 수도 있다.

대다수 사람은 가능한 한 법정에 설 일을 피한다. 그러나 반사회성 고도갈등 성격의 소유자는 법정 소송을 즐기기도 한다. 자신의 표적이 지배당하고 있음을 느낄 기회라고 여기기 때문이다. 게다가 자신의 표적을 공개적으로 비난할 기회이기도 하다. 그들이 소송을 당하는 경우도 자주 있다. 경제적인 무책임, 무분별한 행동, 위협적인 말투, 폭력 행사, 약속과 계약에 대한 위반 등이 그 원인이다.

90퍼센트의 사람들은 반사회성 고도갈등 유형처럼 위압적이고 기만적인 행동을 하지 않는다. 이런 행동은 그들의 성격과 삶에서 큰 부분을 차지하기 때문에 조금만 조사해도 단서를 찾아낼 수 있다. 예를 들어 다수의 반사회성 성격 장애자들은 주차료와 범칙금을 납부하지 않은 전력이 있다. 이제까지 내가 여러 법률 사례에서 봐왔던 대로, 그들은 법규에 걸리지 않고 빠져나가는 스릴을 즐기는 것 같다. 범칙금이 하찮은 건 아니다. 그들에게는 잡히지 않고 빠져나간다는 점이 중요하다. 위험을 감수함으로써 얻는 쾌락에 끌려 벼랑 끝을 걷듯 아슬아슬한 행동을 즐긴다. 워낙 사소한 법률 위반이라서 그들은 크게 문제되지 않을 것이라 생각한다. 이 엉성한 생각이 우리가 그들에 대해 찾아볼 수 있는 기록을 남긴다.

그 사람이 자신의 음모에 당신을 가담시킴으로써 당신의 돈이나 명성을 위험한 상황에 놓이도록 하는가? 그의 요구를 당신이 거절했을때, 받아들이는가? 잘 알지도 못하는 당신에게 돈을 빌리거나, 전화를 대신해 달라거나, 잡일을 해 달라는 식으로 당신을 난처하게 만드는가? 90퍼센트의 사람들이라면 이와 같이 행동하지 않을 것이다.

어떤 이유에서든 그가 당신에게 친구나 가족과 연을 끊으라고 했다면 조심해야 한다. 또 다른 경계 징후이다. 어느 한 사람하고만 관계를 맺어선 안 된다. 90퍼센트의 사람들은 당신이 친구를 사귀고 가족들과 시간을 보내기를 바란다.

직장에서는, 명확한 이유 없이 결근을 자주 하거나 비현실적인 변명으로 회의에 나타나지 않고 일을 마무리 짓지 못한다면 의심을 해봐야 한다. 재고품이 사라지고 있다면 주의를 기울여야 한다. 반사회성 고도갈등 성격의 소유자가 비밀이나 돈, 물품, 또는 조직의 정보를 훔쳐 달아날 수 없도록 적절한 시스템을 갖춰야 한다. 새로운 직원에게 민감한 정보에 접근하는 것을 허용하기 전에 시간을 가져야 한다. 고도갈등 성격이 행동으로 드러나려면 1년 정도 걸리기 때문이다.

왠지 그와 함께 있는 것이 불편하다는 느낌이 들 때

반사회성 고도갈등 유형을 피하는 법

반사회성 고도갈등 성격의 소유자는 남을 속이고 조종하는 데 선수다. 무리한 요구를 거절할 수 있도록 마음을 다잡고 준비를 해야 한다.

'과도하게 도움 주는' 행동을 하지 않도록 조심해야 한다. 잘 알지도 못하는 누군가를 위해 일을 처리해주고, 돈을 빌려주고, 사적인 정보를 주고, 다른 일을 대신하는 늪에 스스로 빠져들면 안 된다. 실제로 오랫동안 알고 지낸 사람일지라도 완전히 알지는 못하기 때문에, 사람들과 적절한 선을 긋고 사는 게 편하다. 그와 같이 있는 게 불편하다는 직관에 든다면, 그에 대해 확인해야 한다.

물론 주변에 있는 모든 사람에 대해서 과대망상적으로 생각하라는 건 아니다. 반사회성 고도갈등 성격의 소유자는 전체 인구에서 4퍼센트보다 살짝 적다. 25명마다 1명 정도가 있다는 얘기다. 그러나 어쩌면 우리는 25명보다 더 많이 알고 있을지도 모른다.

개과천선한 죄수

폴의 이야기를 기억하는가? 사촌의 집이 화재로 무너졌다며 교인들에게 사진을 보여주고 기부금을 받으러 다닌 사람 말이다. 성격 인지 기술에 기초해서 그 이야기를 자세하게 살펴보자.

1. 말(W)

한 기자가 불탄 집 사진이 폴과 아무런 관련이 없다는 것을 알아냈다. 일부 교인들은 그 사실을 받아들이기를 거부하며 교회를 떠났다. 교인들이 마음의 상처를 치유하는 데는 오랜 시간이 걸렸다.

폴이 돈을 요구할 때 어떤 말을 썼는지 우리는 알지 못한다. 분명한 건, 그가 자신을 믿도록 교인의 절반을 설득했고, 나머지 반은 못했다. 종종 고도갈등 성격을 가진 사람의 추종자들은 감정적으로 설득당하는 반면, 비판적인 사람들은 논리적으로 의심을 한다.

2. 감정(E)

폴은 멀리 사는 사촌의 집이 화재로 무너졌다며 기부금이 필요하다고 교인들에게 말하고 다녔다. 기부금을 걷기 위해 만나는 사람마다 불탄 집 사진을 보여주었다.

얼마 후 신도들은 폴을 믿고 그를 방어하는 사람들과 그를 의심하는 사람들로 나뉘었다. 교인들은 집회에서 서로를 향해 고함을 치기도 했다. 결국 그는 교회를 나갔다.

내 추측에는 폴이 사촌의 집을 새로 짓기 위해 기부를 해 달라고 했을 때 상당수 교인이 거북함을 느꼈을 것이다. 폴이 교회에 등록했을 때 그의 전과 기록은 공유되었다.

또한 교인들은 그 문제를 두고 격분하여 양쪽으로 쪼개졌다. 어떤 조직 내에서 사람들이 감정적으로 갈라지는 일이 있다면, 그 안에 고도갈등 성격의 소유자가 있다는 징후이다. 감정은 전염성이 있는데, 고도갈등 상황에서의 감정은 매우 잘 퍼진다.

성격 인지 기술을 배웠다면 당신은 극단적인 행동을 보인 폴의 경력을 경계할 것이다. 대부분의 조직은 위험에 연루되길 원하지 않기 때문에 폴 같은 사람을 끌어들이려 하지 않는다.

그러나 어떤 조직, 예를 들어 교회 같은 곳은 바람직하지 않은 과거를 가진 사람들을 환영할 임무가 있다. 어떤 고용주들은 교도소 수감자들을 특별히 고용하기도 하지만, 그런 경우 고용주들은 고용하기 전에 앞으로 벌어질지도 모를 문제를 방지하고자 특정한 과정과 규칙을 따른다.

3. 행동(B)

폴은 열아홉 살에 총을 들고 편의점에서 들어가 350달러를 훔쳐 달아났다. 경찰은 3일 후 그를 체포했다. 무장 강도로 유죄를 선고받은 후 그는 감옥에서 몇 년을 보냈지만 그동안 자신의 인생을 돌아보면서 고교검정고시를 준비해 통과한 후 다른 재소자들을 지도했다.

출소 후 그는 어느 교회에 신자로 등록했는데 그곳의 교인들이 그를 반겨주었다. 그는 교인들에게 많은 선행을 베풀었다.

폴은 열아홉 살 때 총을 갖고 가게를 털었다. 누군가가 죽었을 수도 있었다. 90퍼센트의 사람들이라면 그런 짓을 하려고 할까? 그렇지 않다. 90퍼센트의 사람들이라면 그런 식의 위험한 행동에 결코 말려들지 않는다. 물론, 아직 어렸기에 나중에 변할 가능성도 있었다. 그러나 이미 극단적인 반사회성 행동을 했고, 반사회성 성격의 양상이 위험한 정도로 높았다.

"어디까지나 당신에게 달려 있어요."

반사회성 고도갈등 유형을 대하는 법

다른 유형과 마찬가지로 CARS법의 네 가지 원칙을 사용해보자.

1. 연결하기(C)

공감과 관심과 존중을 갖고 연결하자. 그렇다고 반사회성 고도갈등 성격의 소유자에게 공감과 관심을 보이느라 너무 많은 에너지를 쏟아서는 안 된다. 그들은 우리를 조종하는 데 우리의 공감과 관심을 사용할 것이다. 대신에 존중을 강조하자. 그들의 긍정적인 행동에 대해 그들을 존중으로 대하고자 하는 모습을 보여줘야 한다. 마찬가지로 우리 역시 존중으로 대해주기를 요청해야 한다. 그러나 이 역시 과해서는 안 된다. 그들은 우리와 맞서고 도전하고 우리를 조종하는 방법을 찾으려 할 것이기 때문이다. 존중을 표현하는 말은 사실에 바탕을 두어야 한다. 그리고 그들이 현재 해야만 하는 선택들을 분석하도록 바로 넘어가야 한다.

폴의 경우 교회 지도자와 신도들은 그를 환영하면서도 그의 불운한 과거에 과도한 관심을 갖기보다 스스로를 개선한 그의 노력을 존중하는 데 초점을 맞춰야 했다. 반사회성 고도갈등 성격의 소유자가 가진 문제에 너무 많이 공감하면 사람을 조종하려는 그들의 성향만 커질 수 있다. 대신에 그들의 긍정적인 활동에 더 관심을 두자.

2. 분석하기(A)

선택할 수 있는 사항들을 분석하도록 도와야 한다. 그들은 선택을 할 수 있으며 어떤 선택을 할지는 (대단해 보이는 선택이 아닐지라도) 그들에게 달려 있다고 말해야 한다.

"어쩌면 당신은 깨닫지 못했을지도 모르겠네요. 당신이 감옥에 갈 여지가 있는 일을 한다면, 그건 당신의 선택인 거죠. 어디까지나 당신에게 달려 있어요."

폴의 경우 교회 지도자들은 1년간 조건부로 그를 받아들이겠다고 하면서 의심을 살만할 그 어떤 일도 하지 말라고 그에게 말했어야 했다. 이는 교도소 생활에 대한 극적이고 '전쟁 같은 이야기'를 하지 않는 것도 포함된다. 교인들에게 친절을 베풀어 달라거나 돈을 요구해서도 안 되고, 일주일에 한 번 교회에 특정한 멘토와 함께 출석해야 한다고 요구할 수 있었다. 만일 이러한 요구 가운데 하나라도 이행하지 못한다면 교회를 떠날 것을 요구할 수도 있었다.

"어디까지나 당신에게 달려 있어요."

물론 그 사람이 1년만 딱 참고 기다렸다가 반사회적 행동을 하려고 하지 않을까 하는 의심이 들 수 있다. 일반적으로 반사회성 고도갈등 성격의 소유자는 성격이 급하다. 그렇게 오래 기다리지 못하고 사람들이 모인 다른 곳으로 떠나가고 만다.

3. 반응하기(R)

잘못된 정보를 이용한 술수는 정확한 정보로 간단하게 반응해야 한다. 우리를 통제하고 조종하려는 행동을 예상해서 그 사람이 징후를 보이면 어떻게 반응할지 대비해야 한다. 그러나 반사회성 고도갈등 성격의 소유자를 설득하는 일에 많은 시간을 허비해선 안 된다. 그들은 다른 사람을 잘 속이면서도 자신은 좀처럼 설득당하지 않는다. 끝도 없는 변명과 입에 발린 말, 가여운 희생자라는 식의 이야기에 경계해야 한다.

폴의 경우 그 돈은 자신의 사촌을 위한 것이어서 교인들에게 기부를 부탁하는 게 문제가 안 된다고 말했을 수도 있다. 그러나 교회 지도자는 그에게 BIFF 반응법으로 대응했어야 했다. 다음과 같이 간략하고, 사실적이고, 우호적이며, 확고하게 말이다.

"당신이 그 일을 그런 식으로 바라볼 수 있다는 건 나도 알겠어요. 그러나 의심스러워 보이는 어떤 것도 하지 말아야 한다는 면에서 이 일은 이전에 약속한 사항에 해당합니다. 그러니 하지 마세요. 우리는 당신이 여기에서 잘 지낼 수 있도록 돕고 싶어요."

4. 선 긋기(S)

선을 긋는 일은 반사회성 고도갈등 성격의 소유자와의 관계에서 가장 중요한 부분을 차지한다. 선을 그으려고 할 때는 마음을 확고하게 다잡아야 한다. 그들은 우리가 그은 선을 없애려고 우리에게 말을 걸고, 우리의 행동을 포함한 다른 사람들에 대한 행동 쪽으로 초점을 이동시키려고 하기 때문이다. 이는 모든 고도갈등 성격의 특징이다. 하지만 반사회성 고도갈등 성격의 소유자는 양심의 가책을 느끼지 않기 때문에 더 극단적인 거짓말을 한다.

상당히 간단하게 선을 그어야 한다. 예를 들면 "당신이 이를 따르지 않는다면, 나는 당신을 해고해야만 해요. 그런 일이 벌어지지 않길 바라요. 어디까지나 당신에게 달려 있어요."라고 말이다. 그리고 그 이상은 말하지 않는다. 당신이 선을 긋기 위해 이런 방법과 과정을 사용한다는 것을 알아두자. 그래서 이 일을 사적인 감정이라고 느끼지 않아야 하며 협상할 여지를 주어서는 안 된다.

"우리 모두가 따라야만 하는 규칙일 뿐이에요."

일반적으로 반사회성 고도갈등 성격의 소유자에게는 네거티브 옹호자(가족, 친구, 전문가 등)가 있다. 그들은 반사회성 고도갈등 성격의 소유자를 옹호하면서, 마치 우리가 그들을 불공평하게 대하고 있다거나 '대단한' 사람에 대해서 끔찍하고 부적절하게 말을 하고 나쁘게 행동하고 있는 것처럼 본다. 그래서 혼자서 선을 그으려고 하면 안 된다. 외부 규칙, 상사, 당신의 편에 서줄 수 있는 믿을만한 친구를 대동해야 한다.

반사회성은 선을 긋기에 가장 어려운 성격이다. 그래서 전문적인 도움이 필요한 경우가 많다. 당신이 마주한 문제에 대해 변호사나 전문가에게 조언을 구하자. 그들의 행동은 상당히 아슬아슬할 정도로 법을 어기는 경우가 많아서 고용주로서, 배우자로서, 이웃으로서 당신이 택할 수 있는 법적인 방법이 무엇인지 찾아야 한다. 경찰이나 공권력을 가진 사람을 끌어들어야 할 수도 있다.

폴의 경우 교회 지도자가 시작부터 그에게 명확한 선과 기대할 수 있는 바를 제시해야 했다. 폴이 그것을 지키지 않았을 경우 결과가 어떻게 될지도 포함해서 말이다. 폴이 이러한 선과 기대를 따랐을 때 얻을 긍정적인 결과와 위반했을 때 따라올 부정적인 결과에 대해서도 고지해야 했다. 그리고 염려되는 바가 있다면 누구와 연락을 해야 할지 교인들에게 알려야 했다. 그런 다음 교회와 교인들은 이를 따를 준비를 갖춰야 했다. 교회가 CARS법을 처음부터 도입했다면, 폴은 그곳에서 계속 나아갈 수 있었을 것이고 교인들은 둘로 쪼개지지 않았을 것이다.

무엇보다 안전이 중요하다

반사회성 고도갈등 유형과 멀어지는 법

여기까지 잘 따라왔다면 반사회성 고도갈등 성격의 소유자와 관계를 이어가려고 애쓰기보다는 그들과 멀어지는 게 낫다고 생각할 것이다. 나 역시 당신의 생각에 동의하지만, 그 과정은 매우 조심스러워야 한다. 반사회성 고도갈등 성격의 소유자는 누군가에 의해 지배당하거나 모욕당하는 것을 좋아하지 않는다. 그리고 그들은 종종 거절을 지배당하거나 모욕당하는 것으로 해석한다. 그들이 당신의 거절에 화를 낸다면 앞으로 일어날 상황을 조심해야 한다.

상황에 따라서 당신의 인생에서 단계적으로 친구로서 아니면 가족으로서 그들을 떨어뜨릴 수도 있고, 아니면 직원을 해고하거나 일을 그만두는 것처럼 갑자기 관계를 끊을 수도 있다. 중요한 점은 끝까지 한 걸음도 물러나지 않고 자신의 입장을 고수해야 한다는 것이다. 당신이 흔들리면 반사회성 고도갈등 성격의 소유자는 그 일을 두고 당신에게 말을 할 수 있고, 그런 다음에는 나중에 다시 관계를 끊으려는 당신의 시도에 대해서 당신에게 벌을 줄 것이다.

관계를 끊으려고 시도하기 전에 따져볼 몇 가지가 있다.

◇ 당신의 입장을 지지해줄 정보로 자신을 무장해야 한다. 친구나 심리치료사로부터 조언과 지지를 얻자.

◇ 당신이 할 말을 연습하자. 그리고 끝까지 한 걸음도 물러나지 않도록 자신감을 높이자.

◇ 신체적으로나 감정적으로 안전한지, 어떻게 하면 사회적 평판과 이미지를 보존할 수 있는지 따져보고 안전한 계획을 세우자.

◇ 관계를 서서히 멀어지게 할 때 상담사와 같은 다른 누군가의 도움을 받는 것을 고려하자. 갑자기 관계를 정리할 때는 경비원의 도움을 받을 수도 있다.

◇ 당신이 그 사람에게 할 말에 그 사람이 '괜찮다'라고 느낄만한 어떤 말도 없다는 것을 깨달아야 한다. 안전을 생각하며 당신이 할 일을 해야 한다.

◇ 그 사람이 어떻게 반응할지를 예상하자. 과거에 그들이 했던 최악의 일이 무엇이었는가? 이는 스트레스를 받았을 때 그들이 보이는 패턴일 가능성이 높다. 최선의 경우를 바라면서 최악의 경우에 대비해야 한다.

속은 후에는 이미 늦다

반사회성 고도갈등 성격에는 폭넓은 범위가 있다. 그러나 남을 속이고 사기 치는 것은 그들이 항상 벌이는 전술이라는 것을 기억하자. 그들은 당신이 이제까지 알던 사람 가운데서 가장 매력적이고 똑똑한 사람일 수도 있다. 대부분의 다른 사람, 심지어 다른 고도갈등 성격을 가진 사람들과 비교했을 때, 그들은 다른 사람의 인생을 기꺼이 망가뜨린다는 점에서 특별하다(심지어 그 과정에서 쾌락을 느낀다). 당신은 그들에게 사기를 당할 것이다. 우리 모두가 그들에게 속아왔다. 만약 대비 없이 마주쳤다면 그들의 정체를 재빨리 알아채고 그들이 처음 당신을 조종하려고 할 때 스스로를 지키는 게 최선이다.

극도로 의심이 많은 편집성 고도갈등 성격의 소유자는 어디에나 음모가 존재하고 있다고 생각한다. 그들은 직장 사람들이 자신에 대해서 귓속말로 얘기하거나, 자신의 경력을 방해하려고 하거나, 자신을 해치려는 계획을 세운다며 두려워한다. 그들은 이웃이나 경찰이나 막강한 정부 기관이 자신의 삶을 침범하려 한다며 두려워한다. 만일 당신이 그런 사람과 연인 관계라면, 그 사람은 당신이 바람을 피운다거나 돈을 숨긴다거나 뭔가에 대해서 자신에게 거짓말을 한다고 의심할 것이다.

2부
다섯 가지
유형

6장

증거를 보여줘도 믿지 않으면 어떻게 하란 말이야?

: 편집성 고도갈등 유형

“

과도하게 의심하는 사람

편집성 고도갈등 유형의 특징

”

편집성 성격을 가진 사람은 갈등을 피한다고 알려져 있지만, 적은 비율은 고도갈등 성격이기도 하다. 편집성 고도갈등 성격의 소유자는 주변 사람이나 권위 있는 인물이 자신을 배신하거나 속이거나 음모를 꾸민다는 두려움을 밑바탕에 깔고 있다. 다른 사람(비난의 표적)이 자신을 해치려 한다는 생각 때문에 다른 사람을 해친다.

성격 장애에 관한 미국립보건원의 연구에서 미국 인구의 4.4퍼센트 정도, 그러니까 북미에 1천 6백만 명 정도에게 이 장애가 있다고 나타났다.[1] 이 성격 장애가 반사회성 성격 장애(3.6퍼센트)보다는 비율이 더 높지만, 편집성 성격 장애가 있으면서 고도갈등 성격을 가진 사람은 더 적다고 추정한다. 그들 가운데 대다수는 주변 사람들의 삶에 관여하는 데 소극적이기 때문이다. 물론 소수는 남의 인생에 관여한다.

미국립보건원 연구에 따르면 편집성 성격 장애의 57퍼센트가 여성이다. 하지만 미국 내 법원 항소심에서 편집성 성격 장애 남성이 훨씬 더 많이 등장한다는 점과 나의 경험에 비춰볼 때, 편집성 성격 장애를 가진 남성(43퍼센트)이 비난의 표적을 가질 가능성이 더 높다. 그들의 비난의 표적은 일반적으로 자신의 고용주, 정부 기관, 경찰과 같은 큰 기관이다. 하지만 이런 큰 기관에 속한 개인을 표적으로 삼는 경우도 있다.

웬만해서는 풀 수 없는 의심

이 성격 유형은 맨 처음에 언어적으로 공격하는 경향이 있다. 그들은 소문을 퍼트리거나, 자신의 경력을 '망가뜨린다'는 이유로 자신의 고용주를 고소하거나, 자신의 삶을 파괴한다며 정부 기관을 고발한다. 다른 사람들이 자신을 망가뜨리고 있다고 의심하기 때문에 해를 입히는 것이다. 물론 그들의 의심은 대개의 경우 틀렸고, 다른 사람들은 그로 인해 고통을 겪는다. 편집성 고도갈등 성격의 소유자를 설득해서 그들의 의심을 풀 수는 없다. 그랬다가는 자신의 생각에 동의하지 않는다는 이유로 그들에게 두려운 사람으로 낙인찍히고 말 것이다.

편집성 성격 장애를 가진 대다수 사람은 주변 사람을 극도로 의심하지만 그렇다고 해서 다른 사람의 삶을 방해하지는 않는다. 당신의 인생을 망치는 사람은 편집성 성격 장애이면서 고도갈등 성격인 사람들이다. 그들은 자신의 두려움을 비난의 표적 탓으로 돌린다.

《정신장애진단 및 통계편람 5판》에 따르면, 편집성 성격 장애는 최대 일곱 가지 특성이 있다. 그중 편집성 고도 갈등 성격의 핵심적인 특징은 다음과 같다.

◇ 다른 사람이 자신을 해치려 한다고 의심한다.

◇ 사소하거나 존재하지도 않는 이유로 원한을 품는다.

◇ 다른 사람(개인이나 집단)이 자신을 두고 음모를 꾸미거나, 자신의 평판이나 명성을 깎아내린다고 화를 내며 과도하게 반응한다.

극도로 의심이 많은 편집성 고도갈등 성격의 소유자는 어디에나 음모가 존재하고 있다고 생각한다. 그들은 직장 사람들이 자신에 대해서 험담하거나, 자신의 경력을 방해하려고 하거나, 자신을 해치려는 계획을 세운다고 두려워한다. 그들은 이웃이나, 경찰이나, 막강한 정부 기관이 자신의 삶을 침범하려 한다고 두려워한다. 만일 당신이 그런 사람과 연인 관계라면, 그 사람은 당신이 바람을 피운다거나 돈을 숨긴다거나 뭔가에 대해서 자신에게 거짓말을 한다고 의심할 것이다. 또한 자신의 상대에게 '반격'하기 위해 다른 사람이나 법을 끌어들이는 경우도 자주 있다.

실제로 그들이 자신에게 음모를 꾸미고 있다고 의심하는 사람이나 집단을 상대로 하는 싸움에서 당신을 네거티브 옹호자로 끌어들이려고 할 때, 처음으로 그 사람의 편집성 성격 장애를 발견할 것이다. 어느 순간에 당신은 그 사람을 향한 음모가 존재하지 않는다는 걸 깨닫고 그를 도와주는 일을 멈출 것이다. 이때 편집성 고도갈등 성격의 소유자는 당신이 반대편으로 돌아섰다고 믿는다. 이제 당신이 비난의 표적이 된다.

때로 약간의 편집 성향을 가지고 있는 것이 도움이 되기도 한다. 좀 더 조심성을 갖게 하고, 고도갈등 성격의 소유자를 포함해 곤란한 상황에 말려들어가는 것을 막기 때문이다. 편집증(과도한 걱정이나 의심)이 지속적인 장애 행동 패턴이 될 때 편집성 성격 장애가 된다. 편집성 성격 장애의 아이러니한 점은 편집증을 보이는 사람에게 과도한 의심을 한다고 지적하면, 지적한 사람도 의심의 대상이 된다는 것이다.

하나보다 무서운 둘

편집성 고도갈등 성격의 두 가지 유형

편집성 성격 장애에는 일반적으로 두 가지 유형이 존재하는 듯하다.

◇ 편집성 성격 장애만 갖고 있는 사람.

◇ 편집성 성격 장애와 다른 정신 장애를 가진 사람.

편집증은 편집성 성격 장애 외에도 몇 가지 정신적 문제와 관련 있다. 우울증이나 조울증에서도 나타날 수 있다. 실제보다 훨씬 부정적으로 상황을 바라볼 때 말이다. 우울증을 가진 대다수 사람의 경우, 이런 식의 편집증은 일시적 현상이다가 우울증이 높아지면 심해지는 경향이 있다. 조울증을 가진 사람들의 경우 이런 식의 부정적인 사고는 약물 치료를 통해 회복되기도 한다.

보다 극단적인 편집증은 일종의 정신분열증일 수 있다. 정신분열증은 실제로 소리가 나지 않는데도 들리는 환청이나, 실제로 존재하지 않는데 보이는 환각 등 망상과 혼란을 동반하기도 한다. 물론 정신분열증을 앓는 사람은 현대 의학의 도움으로 거의 정상적인 생활을 할 수 있다.

나의 관찰과 경험에 따르면 이런 정신 질환(우울증, 조울증, 정신분열증 등)을 가진 사람은 일반적으로 비난의 표적에 집중하지 않는다. 다른 누군가보다는 자기 자신에게 화를 낸다. 하지만 편집성 성격 장애까지 갖고 있으면 주변 사람을 표적으로 삼을 가능성이 높다. 그들의 질환은 편집증적인 생각으로 인해 증폭된다. 이 때문에 주변 사람과 실제적인 갈등을 일으킨다.

편집성 성격 장애의 두 가지 사례를 살펴보자. 이 사례들은 아주 명확한 게 아니어서 처음 진단에서는 심리 전문가들이 서로 다르게 결론을 내렸다. 그러나 두 경우 모두 극단적인 편집증적 사고를 보인다.

편집증을 가진 경찰관

이 사례는 여러 해 전의 소송 사건에서 직접 따온 것이다. 이 사례는 편집성 고도갈등 성격의 소유자가 자신이 위험에 처했다고 상상함으로써 실제로 스스로를 위험에 빠뜨린 사건이다.

앨버트 래시터Albert Lassiter는 미국 연방보안관실USMS에서 1992년 직무를 수행하기에 부적합하다는 진단을 받고 해고될 때까지 연방경찰관으로 근무했다. 그의 상관들은 마지막까지도 그의 업무 능력을 높게 평가했다.

래시터를 해고되는 지경에 이르게 한 일련의 사건들은 1990년 말에 시작됐다. 래시터는 나이 든 이웃과 그의 손자, 그리고 다른 알 수 없는 사람들이 자신의 집을 침입해 도둑질을 한다고 의심하기 시작했다. 래시터의 이런 생각은 여러 사건에 대한 의심에서 비롯되었다. 예를 들어 여러 트럭과 자동차가 자신의 집 앞을 지나갈 때 속도를 늦추는 것을 보았고, 받으면 끊어지는 전화의 발신자 번호를 추적했더니 이웃의 친척집으로 나왔다.

래시터는 체스터필드 카운티의 경찰관 몇 명에게 연락해 자신의 염려를 얘기했다. 그 대화에서 한 경찰관이 래시터에게 강도에게 총을 쏘면 안 된다고 경고했다. 래시터는 자신이 할 수 없다면, "강력반을 대기해 놔야 한다."고 답했다. 래시터의 걱정에 대해 조사를 한 후 그 경찰관은 래시터가 생각하는 흉악한 음모는 존재하지 않는다고 결론 내렸다.

그럼에도 래시터는 자신이 음모의 표적이 되고 있다고 확신했다. 의심이 드는 강도단을 잡기 위해 래시터는 크리스마스 연휴를 맞아 휴가를 떠난 것으로 가장했다. 직장에서 돌아온 래시터는 집에서 멀리 떨어진 곳에 주차를 하고 쪽문을 통해 집 안으로 들어갔다. 집에 없는 척하려고 불도 켜지 않고, 전화도 받지 않고, 우편물도 가지러 가지 않고, 설거지도 안 하고, 음식도 하지 않고, 변기의 물조차 내리지 않았다. 침입자들이 집 안으로 들어올 것에 대비해 래시터는 방탄복을 입고 권총을 찼다. 필요할 때 어둠 속에서도 경찰에 전화할 수 있게 전화기에서 1과 9를 뺀 나머지 번호에 전부 테이프를 붙였으며, 다른 전화기로 경찰과 연락을 유지했다. 래시터는 자신이 2연발 총과 45구경 자동 권총으로 무장하고 있다고 경찰 출동 팀에 보고하면서, 미국 연방보안관실 소속의 자신으로부터 무기를 제거하는 유일한 길은 자신이 죽는 것뿐이라고 그들에게 경고했다.

강도단이 침입하는 때에 방심하지 않으려고, 래시터는 낮에 자고 밤새 깨어 있었다. 12월 23일 오후, 무장한 래시터가 사람을 위협한다는 이웃의 신고를 조사하기 위해서 한 경찰관이 문을 두드렸을 때 래시터는 나가보지도 않았다. 나중에, 그러니까 12월 24일 새벽 시간대에 그 경찰관은 래시터로부터 온 또 다른 전화를 받았다. 경찰관들은 그의 집에 갔고, 래시터가 자동 무기와 탄창 2개, 야간 투시경과 방탄복으로 무장하고 있는 것을 보았다. 씻지 않은 그릇들, 물을 안 내린 변기, 총을 본 경찰관들은 래시터가 과도하게 중무장하고 있으며 대단히 동요하는 상태인 점을 우려했다. 경찰관들은 심리 검사를 위해 래시터를 차터 웨스트브룩 병원Charter Westbrook Hospital에 수용한다는 지시가 담긴 단기 구류 명령서를 받아 돌아왔다. 약 3주간 병원에 수용되어 있는 동안에 래시터는 음모가 존재한다고 계속해서 믿었고, 자신을 돌보도록 배정된 병원 사람들을 믿을 수 없기 때문에 자신에게 처방된 약물을 삼키지 않고 입안에 감추었다. 마침내 래시터는 자신의 이웃뿐 아니라 의사와 병원 직원들과 같은 병실에 있는 사람들과 체스터필드 카운티 경찰서와 자신의 약사까지도 자신을 향한 음모에 연루되어 있다고 결론 지었다.

차터 웨스트브룩 병원에서 풀려난 지 2주 후에, 미국 연방보안관실은 토머스 매슈스Thomas Mathews 박사에게 래시터를 검사하도록 지시했다. 매슈스 박사는 래시터가 망상 장애를 앓고 있다고 진단을 내렸다. 그가 연방보안관실에서 근무하려면 그의 무기를 빼앗고, 무기를 소지할 필요가 없는 직무를 맡아야 한다는 의견을 냈다. 연방보안관실의 관료들이 매슈스 박사에게 총 없이 보안관으로 근무하는 건 불가능하다고 설명하자, 매슈스 박사는 래시터가 그 직무에 부적합하다는 의학적 소견을 냈다.

매슈스 박사의 검사 결과를 받은 후 래시터는 자신의 상태를 알아보려고 세 명의 다른 정신과 의사와의 검사를 요청했다. 멜빈 스턴Melvin Stern 박사는 편집성 성격 장애를 진단했지만, 래시터가 현재로서는 위험하지 않으며 "병원에서 먼저 입원 치료를 받은 후에 다른 연방보안관과 똑같이 무기를 소지할 권리를 갖는 것을 포함해 미국 연방보안관실로의 복귀를 허용할 것"을 권고했다. 두 번째로 줄리앤 핸백Juliann Hanback 박사도 래시터가 편집성 성격 장애를 가졌지만, 무기를 소유하고 소지할 권리를 되찾으려면 심리 치료와 주기적인 심리 상태 평가를 받을 것을 권고한다는 의견을 냈다. 세 번째로 폴 트래비스Paul Travis 박사는 편집성 성격 장애 전문가로부터 검사받을 것을 권고했다.

정신과 전문가들을 통한 검사 보고서와 1990년 말에 일어난 사건들을 고려해서, 미국 연방보안관실의 관료들은 1992년 5월 래시터의 연방보안관 직위를 해제하기로 결정했다. 래시터를 수용하기 위해 연방보안관실은 총기를 소지하지 않아도 되는 사무직 자리에 래시터를 배치하려고 했다. 하지만 통근 가능한 지역 내에서 빈자리를 찾지 못해 결국 래시터를 해고했다.[2]

래시터의 사례는 고도갈등 성격의 소유자가 다른 정신적 문제, 즉 망상 장애를 비롯해 편집성 성격 장애를 가질 수도 있다는 점을 보여준다. 이는 정신분열증보다 덜 심각하지만, 누군가의 생각에 심각한 영향을 끼칠 수 있다. 또한 자신의 집에서 사건이 일어나기 전까지 래시터가 수년 동안 정상으로 보였다는 점도 주목해야 한다. 래시터는 상당히 오랜 기간 동안 안정적으로 직장생활을 했다. 정신분열증처럼 환청과 환각 증상을 보이는 정신병을 가진 사람이라면 그럴 가능성이 훨씬 낮다. 래시터와 같은 사람은 함께 일한다고 해도 그 사람이 어떤 성격적 문제를 갖고 있는지 알아채지 못할 수 있다.

래시터의 사례를 통해 전문가들도 편집성 성격 장애의 정도에 대해 서로 다른 의견을 보인다는 것을 알 수 있다. 두 명의 전문가가 그를 편집성 성격 장애라고 진단했지만, 그중 한 사람은 위험한 정도는 아니라며 총기를 소지해도 된다고 했다. 문제는 성격 장애가 장기적이며, 좁은 행동 패턴을 보인다는 점이다. 그렇기 때문에 안정적인 기간이 존재한다 하더라도 시간이 지나면서 극단적인 행동이 반복적으로 나타날 수 있다.

실질적으로 그 사람이 이런 식의 사고와 감정과 행동을 바꾸려고 높은 강도의 치료를 장기적으로 받지 않은 한, 극단적인 행동이 나중에 다시 나타날 것이라고 가정하는 게 더 안전하다. 기억하자. 비록 약물이 우울증이나 불안과 같은 다른 문제들을 다루는 데 도움을 줄 수 있어도 성격 장애를 치료하지는 못한다.

만일 자신의 집을 도둑질하려고 계획한다고 확신하는 식으로 비난의 표적을 명시하는 누군가를 당신이 안다면, 그 사람은 피해야 할 사람이다.

래시터와 같은 사례에서 충격적인 점 중 하나는 성격 문제가 그 사람에게 '해고'와 같은 새로운 문제를 가져올 수 있다는 것이다. 래시터는 부정적인 생각을 믿음으로써 자신에게 해를 끼쳤다. 스스로 문제를 만든 셈인데, 성격 장애로 인해 이 점을 알아보는 데 필요한 자기 인식을 못 했다.

다른 사람이 자신에게 못된 행동을 한다는 비이성적인 두려움을 가지면 얼마나 위험해질 수 있는지 이 사례를 통해 알 수 있다. 그의 이웃이 설탕이나 망치를 빌리러 그의 집에 들렀다고 상상해보라.

물론 이건 극단적인 사례이다. 그러나 북미에 약 6천만 명의 사람이 이 성격 장애를 갖고 있다는 점에 비춰본다면, 우리 근처에 사는 이웃 가운데 편집증적인 생각을 갖고 반응하는 사람이 있다고 생각하는 것은 기우가 아니다. 물론 나는 당신에게 이런 식의 편집증을 갖게 하려는 건 아니다. 그런 사람들을 피하거나 주의 깊게 다룰 수 있을 정도로 그들의 행동 패턴을 알기 바랄 뿐이다.

상사를 괴롭히는 직장인

책 앞부분에서 나왔던 조와 모니카의 사례를 떠올려보자. 래시터보다 심하지 않지만, 주위 사람에게 상당한 문제를 일으킨다.

모니카가 조의 팀에서 함께 일한 지 두 달 정도 되었을 때, 모니카가 그를 찾아와 다른 팀인 찰스가 자신을 괴롭힌다고 불평했다. 그 남자가 모니카가 입은 옷이 어떻다는 둥의 말을 하고 그녀에게 성적인 발언을 했다는 것이다. 조는 찰스를 불러서 무슨 일이 벌어졌는지 물었다.

"아무 일도 없어요!" 찰스는 화를 내며 말했다. "그녀와 얘기도 거의 안 해요! 그녀는 항상 의심이 많은 것 같네요. 오히려 나는 그녀를 피해요. 3년 동안 나를 봐와서 알잖아요. 그런 식의 말은 하지 않았어요. 우리 팀 절반이 여성이라고요. 내가 그런 식으로 행동했다면, 이제까지 다른 누군가가 얘기를 했을 거라고요. 왜 그런지 모르겠지만, 그녀는 누군가를 곤란하게 만들고 싶은 것 같네요."

조에게는 그의 말이 타당해 보였다. 그러나 만약을 위해 그는 찰스에게 문제를 일으킬만한 어떤 말도 내뱉지 않게 조심하라고 말했다. 그 일이 있고 수주일 동안 모니카로부터 어떤 불만도 나오지 않아 일은 잠잠해진 것처럼 보였다.

몇 달 후, 모니카는 식당에 게시된 다른 부서의 일자리를 보고 지원하기로 했다. 그녀는 조에게 추천인이 되어 달라고 부탁했고, 조는 그녀가 일을 잘해서 자신의 부서를 조만간 떠나는 게 아쉽다고 말하면서 그렇게 해주는 데 동의했다.

그러나 모니카는 원하는 부서로 가지 못했고 조에게 화를 내며 맞섰다. "당신이 무슨 권한으로 뒤통수를 치고 내 앞길을 막는 거예요!" 조가 무슨 일이냐고 묻자 그녀는 자신을 부서에 남게 하려고 의도적으로 방해한 사실을 안다고 말했다.

"난 그런 짓을 하지 않아요!" 조는 대답했다. "이 회사에서 사람들은 이 자리에 있다가 다른 자리로 가곤 해요. 나는 오랫동안 그 일을 받아들였어요. 나는 그저 당신이 가는 게 아쉽다고 했을 뿐이에요. 그게 내가 말한 전부예요. 그러고 나서 나는 그 부서에 당신을 추천했어요. 내 생각엔 그 부서 사람들이 더 경험이 있는 사람을 뽑았을 뿐이에요. 다른 부서에서 일하고 싶어 하는 사람의 앞길을 막는 데 난 전혀 관심 없어요. 그런 일은 언제나 일어나니까요."

"당신은 알잖아요." 모니카는 대꾸했다. "내가 더 이상 이 팀에 있고 싶지 않는 이유가 계속 이상한 메일을 받기 때문이라는 걸요. 그 이메일들은 우리 팀의 다른 사람들이 보낸 거라고요. 그 이메일들은 모르는 사람이 보냈다고 하기에는 나에 대해서 너무 많은 걸 알고 있어요. 이 일에 대해서 조치해주셔야 한다고 생각해요."

"이메일 하나를 보여줄 수 있어요?" 조가 말했다.

"여러 개도 보여드릴 수 있어요." 모니카가 대답했다. 그들은 그녀의 책상으로 걸어갔다. 그녀가 그에게 보여준 이메일은 누구나 받는 스팸 메일과 정크 메일이었다. 그러나 모니카는 누군가가 자신을 공격하고 있다고 고집을 부렸다.

"그럼 그게 대체 누구라고 생각하나요?" 조가 물었다.

"제 생각에는 식당에서 함께 점심을 먹는 사람들이에요. 그 사람들이 나를 볼 때마다 속닥거려요. 나에 대해 이야기하는 게 분명해요."

"당치도 않은 말이에요." 조가 말했다. "그런 생각을 그만두세요."

근무한 지 1년이 됐을 무렵 모니카는 자신의 지갑을 동료가 숨긴다며 불만을 터뜨렸다. 그녀의 지갑은 복사기 옆 구석에서 발견됐다. 어느 날에는 근무 후에 한 고객이 주차장까지 자신을 쫓아왔다고 주장했다. 조는 그 고객을 잘 알았기에 그녀의 말을 의심했다.

결국 조는 모니카를 내보내기로 결정하고 그녀를 해고했다. 그는 그녀가 자신의 부서 내 팀워크에 피해를 준다고 말했다.

모니카는 회사를 고소했다. 조가 자신을 차별했고, 여러 동료가 자신을 괴롭혔다고 말하면서 말이다. 그녀는 패소했지만, 조는 법적 다툼을 하면서 스트레스를 받아 위장 장애를 앓았고, 휴가를 내고 쉬어야 했다. 그는 자신의 팀에서 그녀가 성공하도록 도와주었지만 결국에는 자신의 속만 망가뜨렸다.

게다가 모니카가 해고되기 전에 다른 직원 여러 명이 회사를 떠났다. 일부 직원은 그녀 때문에 퇴사했다. 조에게는 더 이상 즐겁게 일할 팀이 없었다. 모니카는 조가 뒤통수를 쳤다고 주장했지만, 실제로 배신감을 느낀 것은 조였다. 그는 더 이상 팀장으로서 일할 자신이 없었고 예전에 팀장이 되기 전에 했던 고객 관련 업무로 직장에 복귀했다. 더 낮은 보수를 받고서 말이다. 또 그는 의사의 권고로 항우울제를 복용하기 시작했다.

모니카는 편집성 성격 장애를 가졌을 가능성이 매우 높다. 그녀가 느끼는 두려움이 모두 진짜일 수도 있지만, 그럴 가능성이 대단히 낮다. 그녀는 자신의 동료, 상사를 대할 때 특정한 패턴을 보인다. 모니카의 사고는 환청과 환각 현상을 동반하는 정신분열증과 관련한 편집증은 아니었다. 그녀는 우울해하지도 않았고, 조울증을 보이지도 않았다.

그녀는 동료와 상사와 회사를 표적으로 삼았다. 그리고 그들을 상대로 많은 불만을 터뜨리며 소송을 제기했다. 모 아니면 도 식의 사고다. 그녀는 일에 대해서 오직 하나로만 해석했다. 사람들이 그녀에게 일부러 못된 짓을 하거나 경력을 쌓는 데 방해를 한다는 식으로 말이다. 통제되지 않은 감정은? 그녀는 자신의 감정이 사고를 지배하도록 놔두는 것 같다. 그래서 그녀는 사람들이 자신을 괴롭히고 있다고 느낄 때, 의문을 갖지 않고 그대로 믿어버린다. 극단적인 행동은 어떤가? 확인되지 않은 의혹을 계속 제기하는 것은 극단적인 행동 패턴에 속한다. 90퍼센트의 사람들이라면 자신이 잘못 인지하고 있는지 의심하지 않고 그렇게 불평불만을 터뜨리지 않을 것이다. 대다수 사람은 자신이 과잉반응하고 있지는 않은지 고민하다. 그렇지 않으면 적대적인 환경에서 벗어나고자 새로운 일자리를 찾거나, 상황이 더 나빠지지 않게 자신의 두려움을 숨긴다. 그렇다면 모니카는 고도갈등 성격인 걸까? 거의 확실하다.

모두가 평화로운데 유독 겁을 먹고 있다면

편집성 고도갈등 유형 판별법

어쩌면 당신은 주변의 누군가가 편집성 성격 장애를 갖고 있다는 사실을 알아차리지 못할 수도 있다. 편집성 고도갈등 성격의 소유자는 자신의 걱정거리를 속으로 숨기는 경우가 종종 있다. 다른 사람을 믿지 않기 때문이다. 다른 고도갈등 성격의 소유자가 행동을 통해 자신의 정체를 드러내는 반면, 편집성 성격 장애를 가진 사람은 직감적으로 알아볼 가능성이 높다. 그들에 대해서 이상한 이야기를 듣거나, 그들의 행동에서 부정적인 패턴에 들어맞는 여러 징후를 발견한다. 우리는 어떻게 그들을 알아볼 수 있을까?

1. 말(W)

당신이 보기에 어느 편에도 치우치지 않고 균형 잡힌 어떤 사람이 있다. 그 사람을 두고 전혀 못 믿을 사람이라고 여기는 누군가가 있는가? 다른 사람들의 정직이나 의도, 과거 행동에 대해서 말할 때 극단적인 용어를 사용하는가?("너도 알잖아. 너도 그 사람을 믿을 수 없잖아. 왜 그러냐고? 그냥 알아." "거기에 있는 피터 봤어? 걔가 네 자리를 노리고 있어. 조심해.") 당신의 경험과 그의 말이 상반된다면, 그건 바로 경계 징후다.

하지만 약간의 편집증은 도움이 된다. 누군가가 실제로 위험한 사람일지도 모른다고 의심함으로써 큰 위험을 피할 수도 있다. 그렇기 때문에 누군가가 느끼는 두려움을 깡그리 무시하지는 않도록 조심하자. 할 수 있다면 그 말이 맞는지를 확인해보자. 그런 다음에 그가 당신이 보는 것보다 상황을 훨씬 극단적으로 보고 있는지 살펴보자.

2. 감정(E)

그 사람이 옆에 있을 때 어떤 기분이 드는가? 편집성 고도갈등 성격의 소유자와 있으면 가끔 거북한 기분이 든다. 그 사람의 반응이 과장되거나 부절적하다고 느끼기 때문이다.("그는 정말 무서워. 그 사람은 할 수 있다면 너를 해치려고 한다는 걸 너도 알거야." "프레다가 사장이랑 바람피우는 게 확실해. 걔가 사장을 어떻게 바라보는지 너도 봤니? 걔는 승진할 거야.") 자신의 생각과 다르게 누군가를 위협적으로 여겨야 한다는 압박감을 느낄 수 있다. 이런 일은 어떤 관계에서나 일어난다. 따라서 어쩌다 일어나는 사건보다는 패턴을 눈여겨봐야 한다.

모두 평화로운데 그 사람만 눈에 띄게 두려움을 느끼는 것 같은가? 당신도 편집성 성격 장애를 가진 사람 주변에 있으면 두려움을 느낄 수 있다. 그들은 신경이 곤두서 있는 때가 많고, 다른 누군가에게 과잉 반응하는 데 자신을 도와 달라고 강요하기 때문이다. 반사회성 고도갈등 성격의 경우처럼 편집성 고도갈등 성격의 소유자에 대해서 두려움을 느낄 수 있다. 그들이 우리에게 극단적인 행동을 바라기 때문이다.

3. 행동(B)

대부분의 편집성 성격 장애는 다른 사람이나 갈등 상황을 피한다. 그러나 편집성 고도갈등 성격 유형은 자신이 위협받고 있거나 존중을 받지 않는다는 이유로 다른 사람과 충돌을 벌이곤 한다. 그들은 비난의 표적을 갖고 있으며 때로는 자신을 보호한다는 명분으로 비난의 표적을 공격한다.

90퍼센트의 사람들이 결코 하지 않을 행동을 하는가? 예를 들어 자신의 가방을 훔쳤다거나 자신의 도시락에 몰래 독을 넣었다거나 위협적인 이메일을 보냈다며 동료를 고발하는 식으로 말이다. 알지 못하는 위험이 실제로 존재하는 경우가 있기 때문에 처음에는 판단을 내리기 어렵다. 핵심은 패턴을 발견하고 스스로 진실을 찾아야 한다는 것이다.

래시터의 사례는 편집증적인 사고가 얼마나 위험할 수 있는지를 보여준다. 90퍼센트의 사람들이라면 이웃과 전쟁을 벌일 준비를 하지 않을 것이다. 이런 식의 극단적인 행동이 나타나면, 높은 확률로 그와 비슷한 일이 일어난다. 어쩌면 다음에는 비참하고 끔찍한 결과가 벌어질 수도 있다.

어떤 사람들은 직장에서 특이한 행동 패턴을 보이며 두려워한다.

실제로 일어날 가능성이 거의 없는 상황에서 한 직원이 자신의 지갑을 도난당했다고 주장하면 편집증일 수도 있지만 사실일 수도 있다. 그러나 다른 사람들에게는 일어나지 않는 일이 자신에게만 계속 일어난다고 주장하면, 편집성 성격 장애일 가능성이 높다. 당신은 이를 경계 징후로 생각해 주의해야 한다. 그렇지 않으면 우발적으로 그 사람의 다음번 비난의 표적이 될 수도 있다.

솔직함은 때로 독이 된다

편집성 고도갈등 유형을 피하는 법

경계 징후로서 편집성 성격 장애의 패턴을 살펴봤다. 겉으로는 편집성 성격 장애를 식별하기 쉽지 않다는 사실도 알았다. 그렇기 때문에 우리는 평범한 사건에 과잉대응하거나 과도하게 두려워하는 모습 등을 정보로 모아야 한다.

만약 당신이 보기에 누군가가 지나치게 두려워하거나 불신한다면, 그 사람과 감정적으로 거리를 유지해야 한다. 그 사람의 핑계와 이야기에 지나치게 빠지면 안 된다. 당신은 '이상하다'거나 '위협적이다'거나 '그런 일은 피해야 할 일'인 것 같다고 있는 그대로 그 사람에게 얘기할 수 있다. 그들이 과잉반응하고 있고, 틀렸고, 정상이 아니라면서 설득해서는 안 된다. 이는 당신에 대한 그들의 두려움만 키울 뿐이다. 그 결과 그들은 당신에게 주목한다. 만일 편집성 성격 장애를 가진 누군가에게 당신이 표적이 되었다면, 그 사람은 당신을 불신할 것이고 자신을 보호하기 위해 당신을 먼저 공격해야 한다는 생각을 가질 수 있다.

이들 가운데 몇몇은 '그들과 맞서 싸우는 우리'라는 견고한 사고 방식으로 자신의 편집성 성격 장애를 정치적, 종교적, 문화적 집단에 투영하기도 한다. 이런 집단에 속한 구성원과 지도자들은 자신의 조직 밖의 고도갈등 성격을 가진 사람에 대한 말을 조심해야 한다. 그런 말은 잘못 받아들여져 편집성 고도갈등 유형의 편집증적인 사고를 강화할 수 있다. 그 사람이 속한 다른 집단의 구성원들을 해쳐도 된다는 의미로 해석될 수 있다.

누군가가 자신에게 상처 준 사람을 같이 해치자고 제안했을 때 그 사람의 계획에 말려들지 말자. 그 사람이 정의나 안전이나 복수를 원한다면, 변호사나 정신과 전문의나 경찰을 찾아가보라고 권유하자. 그렇지 않으면 당신은 편집성 고도갈등 성격의 소유자에게 표적이 된 무고한 사람을 다치게 할 수도 있다.

애써 친근감을 보이는 것이 위협이 될 수 있다

편집성 고도갈등 유형을 대하는 법

다른 고도갈등 성격도 마찬가지지만, 편집성 고도갈등 성격의 소유자와의 관계는 CARS법, 즉 연결하고, 분석하고, 반응하고, 선을 긋는 단계적인 방법으로 접근해야 한다. 조가 이 방법에 따라서 모니카를 대했다면 어땠을지 생각해보자.

1. 연결하기(C)

다른 고도갈등 유형을 대할 때는 연결하기가 첫 번째 단계다. 하지만 편집성 성격 장애를 가진 사람들은 당신이 애써 친근감을 표하는 모습에 위협을 느낄 수 있다. 만일 그 사람이 이미 당신을 부정적으로 평가했다면, 공감과 관심과 존중으로 그들을 진정시키려는 노력이 오히려 당신을 더 의심스러운 사람으로 만든다.

"당신에게 스트레스가 많은 상황이라는 건 나도 알겠어요."

이와 같은 말로 상황을 살펴야 한다. 그렇다고 해서 당신과 관계를 맺는 데 관심이 없어 보이는 사람과 연결하려고 많은 시간을 소비하지 말자.

뭘 하든 간에 편집성 성격 장애를 가진 사람이 인지하는 두려움에 의문을 제기하면서 그들을 진정시키려 한다거나, 그들의 의심이 옳을 수도 있다고 하면서 편집증적인 생각을 강화해서는 안 된다. 대신에 이렇게 말해야 한다.

"그곳에 제가 없어서, 무슨 일이 일어났는지 저는 절대 알 수 없을 거예요."

이 말은 사건에 대해서 그들이 가진 편집증적인 해석에 의문을 제기하지도 않고 그들의 생각을 굳히지도 않는다. 그렇기에 중립적인 대화를 유지할 수 있다.

앞서 살펴본 조의 사례에서 조는 모니카가 다른 부서로 옮기면 아쉬울 거라고 말했다. 그녀는 이를 매우 부정적으로 해석했다. 조가 자신의 승진을 막으려 한다고 생각했다. 이런 상황에서 조는 연결하기 방법을 찾기 힘들다. 바로 분석하기로 넘어가는 게 낫다.

2. 분석하기(A)

편집성 성격 장애의 경우 그들이 가진 선택 사항들이 무엇인지 분석하는 단계로 초점을 옮기는 게 좋다. 만일 편집성 고도갈등 유형과 마주하고 있고, 아직까지는 당신이 그 사람의 비난의 표적이 아니라면 당신은 도움을 줄 수도 있다.

"정말 스트레스를 받겠네요. 당신이 이 상황에서 무슨 선택을 할 수 있는지 같이 살펴보아요."

모니카가 이메일에 대해서, 지갑이 사라진 것에 대해서, 고객이 자기를 쫓아오는 것에 대해서 말했을 때 조는 이렇게 말해야 했다.

"그건 참 이상한 일이네요. 어떤 일이든지 간에 항상 여러 가지로 설명이 가능해요. 누군가 당신의 지갑을 자신의 것으로 착각했을 수도 있어요. 당신이 지갑을 다른 곳에 뒀을 수도 있고요. 아니면 청소하는 사람이 지갑을 옮겨놨을 수도 있어요."

그 정도로만 해두자. 그녀의 생각에 '당치도 않다'고 하거나 '그만하라'고 하는 것보다 낫다. 하지만 관계가 더 굳건하다면, 그러니까 조와 모니카가 오랫동안 함께 일했거나 조가 그녀에게 신뢰받는 상대였다면 단호한 어조의 말도 괜찮을 수 있다.

내 경험에 따르면, 뭔가가 '이상한' 것 같다는 말은 편집성 성격 장애를 가진 사람에게 위협적이지도 않고, 그들의 부정적인 사고를 키우지도 않는다. 자신에게 생긴 일을 이해하는 데 있어 다른 경우를 생각하게 만든다. 물론 그렇지 않을 수도 있다. 모니카의 상황에서는 이 말이 그녀의 편집증적인 사고를 부추기지 않으려 한다는 의미가 될 수 있다.

3. 반응하기(R)

편집증을 보이는 사람이 있다면, 두려운 상황이 아님을 그 사람에게 납득시키려고 에너지를 쏟아서는 안 된다. 자신의 생각에 의문을 제기했다는 이유로 오히려 더 많은 의심을 한다. 많은 사람이 그런 식으로 대처했기 때문에, 이런 접근에 매우 예민한 반응을 보인다. 당신이 그 상황에 대해 전달받은 것은 다르다고 간단히 얘기해야 한다. 이를 강요해서는 안 된다. 조는 다음과 같이 말했어야 한다.

"그건 참 이상하네요. 어떤 일이든지 항상 여러 가지 해석이 가능해요. 우리는 절대로 진실을 알 수 없을 거예요."

이는 BIFF 반응법의 좋은 예다. 조가 자신을 옹호하지 않고 모니카를 좀 더 방어적으로 만들지 않으면서, 그녀의 말에 동의하지 않게 해준다.

4. 선 긋기(S)

편집성 고도갈등 성격의 소유자에게 당신이 중립적인 사람으로 보이든 비난의 표적으로 보이든 간에, 규칙과 방침을 설명함으로써 친절하게 선을 긋는 데 중점을 두어야 한다. 이때 문제를 사적인 일로 만들어선 안 된다. 다음과 같이 말하는 것이 도움이 된다.

"당신이 불만스러운 건 알겠어요. 하지만 우리 모두가 따라야 할 규칙일 뿐이에요."

"당신이 하는 말을 이해하겠어요. 하지만 그게 사실인지 입증할 수 없다면 우린 그걸 따를 수 없어요."

행동 변화를 자극하기 위해 편집성 성격을 직접적으로 비난하는 일은 절대 피해야 한다. 그들은 이미 의심이 많은 데다 방어적인 자세를 취하고 있기 때문에 당신의 조언을 듣지 않는다. 대신에 당신이 자신에게 도전하고 있다고 생각한다.

조는 모니카의 편집증적인 생각을 강화하지 않음으로써 선을 그었다. 또한 그는 그만두라고 말했다. 그의 목소리 톤에 따라서, 이 말은 그녀에게 좋은 대처였을 수도 있다.

조는 결국 모니카를 해고했는데, 이는 적절한 대처다. 그러나 모니카에게 그녀가 팀을 망친다고 말한 건 실수다. 고소를 하겠다는 그녀의 의지만 키웠을 뿐이다. 대신에 이렇게 말하는 게 더 낫다.

"우리가 일하는 방식은 달라요. 우리는 당신이 잘되기를 바라요. 당신의 목표를 달성하기에 좋은 자리를 찾았으면 좋겠어요."

이 말은 조의 결정을 중립적이고 긍정적인 것으로 만들어주고, 모니카로 하여금 피해자란 느낌을 덜 느끼게 한다.

그 사람을 비난하지도, 자신을 비난하지도 마라

편집성 고도갈등 유형과 멀어지는 법

편집성 성격 장애를 가진 사람과 관계를 끊을 때는 매우 신중하고 천천히 해야 한다. 당장 위험한 상황이 아니라면 강한 반발이 일지 않게 단계적으로 해야 한다. 다시 말하지만, 직접적으로 비난하면 안 된다. 그 사람을 비난해서도, 자신을 비난해서도 안 된다.

'근무 시간이 달라졌다', '다른 일들이 밀려왔다', '예전처럼 시간이 나지 않는다' 등 이런 말들이 변명처럼 느껴질 수 있다. 하지만 시간이 흐를수록 우선순위가 달라진다는 것은 현실이다. 가혹한 진실을 말하는 것이 80퍼센트의 사람들에게 통한다면, 고도갈등 성격의 소유자에게는 확실히 통하지 않는다.

그들은 걸러지지 않은 정직한 말을 전쟁 선포로 받아들인다. 그렇게 말할 경우 그 사람을 당신의 삶에 다시 끌어들이는 꼴이 되어 극단적인 상황에 처할 수 있다. 당신을 스토킹하거나 당신에 대한 이상한 소문을 퍼뜨릴 수 있다. 나는 가족, 이웃, 동료로서 편집성 성격 장애를 가진 사람에게 가혹할 정도로 솔직하게 말해서 상황을 더 나쁘게 만든 사람들의 상담 요청을 수차례 받았다. 편집성 성격 장애의 소유자들은 자신을 '공격한' 가족과의 대화를 거부하고, 동료들에게 방해 행동을 하고, 이웃의 마당에 쓰레기를 던졌다.

적당한 거리 유지하기

편집성 성격 장애를 가진 고도갈등 성격의 소유자는 발을 들여놓으면 빠져나오기 힘든 늪과 같다. 당신의 본능적인 반응 대부분이 그들에게 불신을 불러와 당신을 더 심한 갈등 속으로 끌어들인다. 말을 조심해서 그들과 거리를 유지하자. 그들의 편집증적인 생각을 너무 가까이하지 말고, 그들에게 위협적인 존재가 되지도 말자. 편집성 성격을 가진 사람의 유형은 아주 광범위하다. 이번 장에서 얘기한 일반적인 원리를 따른다면, 그들 가운데 일부와는 심한 갈등을 겪지 않고도 좋은 관계를 유지할 수 있다.

연극성 고도갈등 성격의 소유자는 쉽게 식별할 수 있다. 그들은 상당히 극적이다. 모 아니면 도 식의 말을 쓰며 극적으로 얘기하는 경우가 많다. 어떨 때는 사건을 정확하게 묘사하지만, 대부분은 엄청나게 과장하거나 아예 허위를 말하기도 한다.

또 자신의 화난 감정을 특정한 사람 탓으로 돌리는 경향이 있다. 반복적으로 비난의 표적을 곤란한 상황에 처하게 하고 그들에 대한 소문을 퍼뜨린다. 자신이 퍼뜨린 부정적인 말을 부인하기도 한다.

2부
다섯 가지
유형

7 장

너는 비극의 주인공이 되고,
나는 또 악마가 되었다

: 연극성 고도갈등 유형

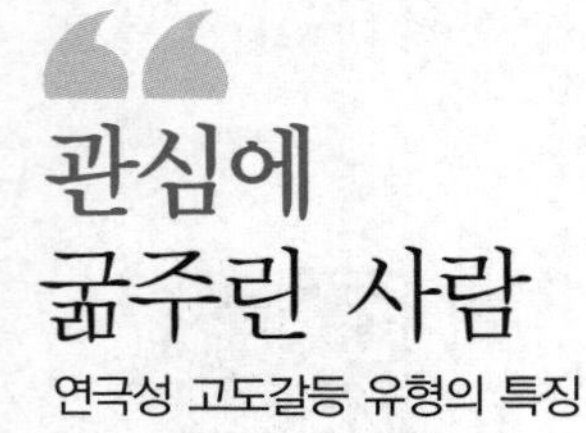

관심에 굶주린 사람

연극성 고도갈등 유형의 특징

우리가 마지막으로 다룰 고도갈등 성격은 연극성 성격 장애다. 이 유형은 무시당하는 것에 대한 두려움 때문에 관심의 중심이 되려는 욕구를 보인다. 때로는 자신의 비난의 표적에 대해 극적인 이야기를 지어내기도 하고, 그들에 대해서 공개적으로 이야기한다.

성격 장애에 관한 미국립보건원의 연구에 따르면, 미 인구의 1.8 퍼센트 정도가 이 장애를 갖고 있다.[1] 이는 북미에 약 6천만 명이 있다는 얘기다. 다른 고도갈등 성격 장애와 비교할 때 적은 수치이다. 하지만 이 장애를 가진 사람보다는 연극성 성격을 일부 갖고 있는 사람이 많아서, 이런 유형의 사람을 마주칠 가능성은 예상보다 높다. 나는 이 성격 장애를 가진 사람들 다수가 고도갈등 성격이라고 추정한다. 그들은 보통 다른 사람들에게 비난의 표적을 비방하기 때문이다.

원래 이 성격 장애는 여성과 관련 있었다. '연극성 histrionic'이란 말은 히스테리 hysteria와 관련이 있는데, 지그문트 프로이트 Sigmund Freud

는 약 100년 전에 이를 여성이 가진 감정적 장애라고 주장했다. 그러나 이 주장은 계속 비판을 받았다. 미국립보건원 연구에 따르면, 이 장애가 남성과 여성에게 비슷한 비율로 나타난다고 한다. 미국립보건원 연구는 연극성 성격 장애의 51퍼센트가 남성이고 49퍼센트가 여성이라고 밝혔다.[2]

감정은 전염이 잘 된다. 연극성 고도갈등 성격의 소유자는 강한 감정을 갖고 있다. 연극성 고도갈등 성격의 소유자가 별 다른 근거 없이 자신의 극적인 감정을 바탕으로 하는 말에 많은 사람이 동화된다. 아이러니하게도 그들의 강한 감정이 결국 사람들을 밀어낸다. 그들이 풀려 했던 문제를 오히려 더 키우고 만다. 즉 사람들에게 무시당하게 된다. 하지만 그들은 사람들이 자신을 외면함으로써 계속 '자기에게서 돌아서고 있다'고 생각한다.

연극성 고도갈등 성격의 소유자는 모 아니면 도 식의 말을 쓰며 극적으로 얘기하는 경우가 많다. 가끔씩은 사건을 정확하게 묘사하지만, 대부분은 엄청나게 과장하거나 아예 허위를 말하기도 한다. 만일 당신이 연극성 고도갈등 성격의 소유자에게 비난의 표적이 되었다면 공개적인 비난, 당신이 얼마나 끔찍한 사람인지 꾸며낸 이야기, 잘못된 정보로 당신을 판단하는 많은 사람과 마주할 준비를 해야 한다.

연극성 고도갈등 성격의 소유자는 비난의 표적 때문에 자신이 무기력한 사람이 되었다고 말한다. 그렇기 때문에 자신이 계속해서 무기력할 수밖에 없고, 자신과 자신의 문제를 바라봐 줄 누군가를 찾아야 한다고 생각한다. 그들은 다른 사람이 자신을 도와주도록 설득하는 데 능숙하다.

주위 사람을 속이는 뛰어난 연기력

《정신장애진단 및 통계편람 5판》은 연극성 성격 장애의 여덟 가지 특징을 나열했다.[3] 고도갈등 성격의 소유자가 가진 주요 특징과 더불어, 연극성 고도갈등 성격의 소유자는 다음의 특징이 있다.

◇ 관심의 중심이 되려고 한다.

◇ 과장된 감정을 담아 극적으로 말하지만 세부 묘사가 부족하다.

◇ 관계에 대해 오해한다. 즉 실제보다 사람들이 자신을 많이 신경 쓴다고 생각한다.

과장된 감정으로 극적인 일을 벌이지만 않으면, 이런 특징은 관심을 받지 못한다고 느끼는 아이에게 도움이 될 수 있다. 많은 사람의 관심을 받을 필요가 있을 때도 이런 특징이 도움이 되기도 한다. 위기 상황일 때 이런 특징을 가진 사람이 있다면 모든 사람의 관심을 재빨리 얻을 수 있어 함께 문제를 해결하는 데 도움이 된다. 어떤 사람들은 많은 배우와 가수가 성격 장애 수준은 아니지만 연극성 성격을 띤다고 말한다. 그들은 우리의 감정을 이용하고 관심을 끄는 데 능숙하다.

이런 특징은 문제가 되기도 한다. 그들은 심한 염증을 일으킬 정도로 다른 이를 짜증나게 해 사람들과 멀어진다. 이런 행동은 일자리나 친구, 배우자를 잃는 원인이 되기도 한다. 만일 당신이 연극성 고도갈등 성격의 소유자에게 그의 행동이 얼마나 자멸적인지 지적한다면, 오히려 그 사람은 극적인 말을 통해 당신이 자신에게 피해를 주었다며 당신을 비난할 것이다. 이때 그의 말을 들은 다른 사람이 네거티브 옹호자가 되는 경우도 종종 있다. 그들은 연극성 고도갈등 성격의 소유자를 대신해서 비난의 표적을 공격한다.

나는 네거티브 옹호자가 다른 이의 '나쁜 행동'에 대해 배심원이나 판사를 설득하는 경우를 여러 번 봤다. 실제로는 일어나지 않았거나 법적인 문제를 불러오지 않을 만큼 사소한 일을 두고 말이다. 불행하게도, 누군가가 다른 이에게 정말로 피해를 입지 않았다면 '이 정도로 심하게 화를 내지는 않을 것'이라고 결론을 내리는 경우도 종종 있다. 하지만 연극성 성격 장애를 가진 사람이 심하게 화를 내는 일은 일상적이다.

이런 사례들은 누군가가 누명을 쓰고 유죄를 선고받거나 진실이 드러나 실추된 명예를 회복한 경우를 통해 화제가 되기도 한다. 하지만 고도갈등 성격의 사람이 실제로 피해자인 경우도 있다는 점을 무시해서는 안 된다. 따라서 속단하지 않고 고조된 감정에서 벗어나 무슨 일이 벌어진 것인지를 스스로 분석하는 게 최선의 방법이다.

약도 되는 경우와 독만 되는 경우

연극성 고도갈등 성격의 두 가지 유형

연극성 고도갈등 성격은 범위가 넓다. 어떤 이들은 일을 잘 해내는 고기능 유형이어서 좋은 일자리를 가지기도 한다. 이런 고기능 유형은 배우나 유명인 같은 관심을 많이 받는 직업으로 돈을 번다. 반면에 저기능인 사람들도 있다. 이들은 일을 할 수 없거나 심지어 자신의 아이도 키우지 못한다. 다음의 두 사례는 상대적으로 고기능인 연극성 고도갈등 성격과 매우 저기능인 연극성 고도갈등 성격을 보여준다.

아이 같은 엄마, 엄마 같은 딸

이 책 앞부분에 나왔던 네이딘과 에이미의 사례를 살펴보자. 네이딘은 상대적으로 고기능인 연극성 고도갈등 성격이다.

네이딘은 분노로 가득 차 있었다. 그녀는 자신의 딸 에이미를 향해

소리쳤다. "네가 아빠를 죽였어! 세상이 모른다고 해도 난 알아." 흐느껴 울면서도 그녀는 목소리를 낮추지 않았다. "네 아빠가 원했던 단 한 가지는 네가 가업을 잇는 거였어. 그런데 넌, 이기적인 넌 쓸데없이 다른 일을 하겠다며 아빠 마음에 상처만 줬어. 아빠는 네가 없으면 안 된다는 걸 너도 잘 알고 있었지."

아버지 장례식 바로 다음날의 일이었다. 에이미가 집에 온 건 일주일 전이다. 아버지에게 심장마비가 왔다는 소식을 듣자마자 곧바로 비행기를 타고 집으로 왔지만 아버지는 이미 몇 시간 전에 사망한 뒤였다.

네이딘은 모든 일에 항상 극적이었다. 그녀는 울음을 터뜨렸다. "이제 나는 어떻게 해야 하니?" 그녀는 에이미의 팔에 안겨 흐느꼈다. "네가 날 돌봐줄 거지, 그렇지? 아니면 네 아빠한테 한 것처럼 날 버릴 거니?"

네이딘은 항상 에이미에게 기댔다. 에이미가 어머니 같고 네이딘이 아이 같았다. 에이미는 자신의 슬픔은 접어두었다. 이제 혼자서 어머니를 맡아야 한다는 사실을 깨달았다.

그녀는 자신의 어머니와 비슷한 사람들에 관한 책을 몇 권 읽었다. 그리고 어머니가 연극성 성격 장애를 앓고 있음을 깨달았다. 그녀는 어머니에게 전문가의 도움을 받으라고 말할 때라고 생각했다. 혼자서는 어머니를 다룰 수 없었다.

"엄마, 진정하세요!" 에이미는 소리쳤다. "나는 아빠를 저버린 게 아니에요. 엄마에게는 성격 장애가 있어요. 엄마가 그런 식으로 생각하는 이유는 바로 그 때문이에요. 엄마는 스스로를 위해 도움을 받아야 해요. 엄마는 항상 상황을 왜곡해요. 엄마가 생각하는 것처럼 상황이 나쁘지는 않아요. 이제 제발, 내가 아빠를 죽였다는 말은 그만하세요. 아빠는 심장마비가 왔던 거라고요. 엄마가 화를 내지 않아도 충분히 힘들어요."

"어떻게 감히 네가 엄마한테 그렇게 말할 수 있어!" 네이딘은 소리쳤다. "넌 독한 딸이야. 다신 너랑 말하기도 싫어! 나가! 당장 집에서 나가. 이제 너도 나한테 죽은 사람이나 다름없어. 나가버려. 당장 나가!"

그녀는 울음을 쏟으며 에이미에게서 떨어졌다. 에이미는 말했다. "터무니없는 소리 좀 하지 마세요, 엄마."

"정말이야." 네이딘은 말했다. "진짜라고." 네이딘은 갑자기 자기 가슴을 잡았다. "오, 안 돼. 심장마비가 왔나 봐. 구급차를 불러. 병원에 가야겠어. 그런 다음에 나가!"

에이미는 어머니가 과잉 반응한다고 생각했지만, 심장마비로 어머니를 잃는 위험을 무릅쓰고 싶지 않아 구급차를 불렀다. 그리고 어머니에게 성격 장애가 있다는 말을 다시는 하지 않기로 다짐했다.

꼭 기억하자. 성격 장애가 있는 것 같다는 말은 절대로 해선 안 된다. 그 사람에게 성격 장애가 있다면 그 말은 그의 방어적인 태도와 나쁜 행동만 키울 것이다. 그 사람에게 성격 장애가 없다 해도, 그 말을 들은 사람은 화를 내며 냉담한 반응을 보일 것이다. 네이딘은 자신에게 성격 장애가 있다고 한 에이미의 말을 부정적으로 받아들였다. 그런 다음 신체적인 고통을 호소했다. 물론 거짓일 수도 있다. 어쨌거나 자신의 무자비한 딸에 대해 불평을 털어놓을 때마다 "네가 그랬지." 하며 이 사건을 두고두고 이야기할 것이다. 또는 아예 그 일에 대한 이야기를 꺼내지도 못하게 하면서 에이미를 향한 자신의 분노를 키울 수도 있다.

병원에 도착했을 때 네이딘은 응급실로 옮겨졌다. 구급차 안에서는 곧 죽을 것처럼 숨을 가쁘게 쉬었지만, 심장마비는 아닌 것으로 진단 내려졌다.

네이딘은 전형적인 연극성 고도갈등 성격의 소유자다. 이후 기존의 표적이었던 에이미뿐만 아니라, 구급차 운전사와 구급차 회사를 포함한 다른 사람들도 그녀의 비난의 표적이 되었다. 네이딘은 상황을 모 아니면 도 식으로 이해한다. "절대 다신 너를 안 보고 싶어."라고 해놓고선 갑자기 감정에 휩싸여서는 '심장마비'가 왔다고 호소한다. 계속해서 호들갑을 떨고 금세 변하는 피상적인 감정을 느끼며 관심을 끊임없이 요구한다. 당신은 네이딘이 에이미를 향해 멈추지 않고 말한다는 것을 눈치 챘을 것이다. 나가라고 말하며 에이미를 거부한 것은 충동적이고 즉흥적인 말일 뿐, 실제로 그녀가 바라는 바는 아니다. 물론 이 장애를 가진 사람들은 다른 사람들과 마찬가지로 성격 장애와 무관한 건강상의 문제를 갖고 있기도 하다. 따라서 어떤 가정도 속단하지 말자. 에이미가 일단 구급차를 불렀던 것처럼 말이다.

> 몇 시간 후, 구급차에 탔던 일에 대해서 얘기할 때 네이딘은 에이미에게 이렇게 말했다. "구급차에서 의식을 잃은 동안에 성폭행을 당한 것 같아. 성폭행을 당한 기분이 들었어. 구급차 회사를 고소하게 변호사와 얘기를 해봐야겠어."

나는 병원 근무자들로부터 자신들이 맞닥뜨리는 가장 흔한 성격 장애는 연극성 성격 장애일 거라는 말을 들었다. 자주 방문하는 환자들 가운데 특히 많다고 한다. 나 또한 연극성 성격 장애를 진단받은 환자가 구급차에 탑승해 있는 동안 실제로 일어나지도 않았던 성폭행을 당했다며 구급차 회사를 고소한 일에 대해 들었던 적이 있다. 만약 당신이 의료 종사자라면, 비슷한 환자를 이미 만나봤을 것이다.

만일 에이미가 네이딘과 떨어지려고 한다면, 네이딘은 딸을 몰아붙이며 문제를 계속 일으킬 것이다. 그래도 자신의 어머니이기 때문에 에이미는 그녀를 어떻게든 도와주려 할 것이다. 성격 장애를 가진 사람들은 자신을 무기력하고, 취약하고, 피해를 입은 사람으로 인지한다. 연극성 성격 장애를 가진 사람들은 특히나 그렇다. 그들은 삶이 자신에게 얼마나 가혹한지에 대해 지나치게 감정적이고 극적인 방식으로 이야기하고 과도하게 보상을 받으려 한다. 그러나 에이미는 적절하게 어머니를 도울 방법을 배워야 한다. 어머니를 돌보는 데 모든 것을 희생하지 말고 자신의 인생을 살아야 한다. 우선 에이미는 자기 어머니와 같은 사람들을 위한 지원 프로그램과 정보를 알고 있는 사회복지사를 찾아야 한다.

친권 상실

연극성 성격 장애가 너무 심해서 자식이 아직 어린데도 친권을 상실한 경우도 있다. 연극성 성격 장애를 가진 여성이 자신의 부정적인 행동 패턴 때문에 6명의 자녀들에 대한 친권을 상실한 사례를 살펴보자.

A는 심리 검사 전문가인 비즐리에게 진단을 받았다. 비즐리는 A가 여섯 자녀에 대한 양육권을 되찾기 위해 법원이 요구한 과정을 하나도 밟지 않았다고 법원에서 증언했다. 다음은 여섯째 아이인 캐링턴을 두고 벌인 소송에 대한 법정 기록에서 발췌한 내용이다.

> 비즐리는 A에 대한 임상 면담과 시험 결과를 바탕으로, 그녀가 낮은 이해력, 낮은 충동 조절 능력과 심한 감정 변화를 가졌다고 판단했다. 비즐리는 그녀가 외상 후 스트레스 장애를 겪고 있다는 의견을 냈다. 폭력적인 관계와 트라우마를 다시 체험하는 것과 관련한 불안과 악몽이 원인이었다. 또 비즐리는 A의 약물 남용 전력과 연극성 성격 장애 진단을 언급했다. 비즐리의 설명에 따르면, 연극성 성격 장애는 지나치게 불안정한 관계, 극적인 행동, 주목받으려는 욕구가 특징이다. 이로 인해 주목을 받는 자리를 찾고, 감정이 매우 빨리 변하

고, 남에게 잘 속아 사기를 당하고, 경솔한 결정을 내리고, 자살을 기도하기도 한다. 비즐리는 A의 연극성 성격 장애가 오랫동안 지속되고 깊이 뿌리박혀서 "매우 다루기 힘든 편"이라고 설명했다. A의 연극성 성격 장애는 "깊이 몸에 배어 있어서 그녀가 어떤 사람이고 어떻게 움직이는지에 영향을 주었다. 우울증에 도움이 되는 약물이 있다고 해도 성격 장애를 치료할 약물은 존재하지 않는다."고 비즐리는 말했다.[4]

A는 아이가 여섯이었다. 막내가 2004년에 태어났다. 여섯 아이들은 2005년 집에서 내보내졌다. 그녀가 아이들을 방치하고, 육체적, 성적으로 학대하고, 약물을 남용한 게 주된 원인이었다. 2007년 이후에는 아이들이 허락하면 아이들을 볼 수 있었는데, 그녀의 아이들은 원한 적이 없었다. 양육권을 되찾기 위해서 그녀는 다음 사항들을 따라야 했다.

- ◇ 성적 학대를 부인하는 태도를 극복하고 전문 상담가에게 말이나 글로 학대 사실을 인정한다.
- ◇ 적절한 경계선을 이해하고 이행한다. 부모 따돌림(이혼이나 별거와 같은 극단적 상황에서 부모 중 한 명이 자신의 배우자와 자녀 간의 관계를 망치려는 시도-옮긴이)의 가능성을 처리하기 위해 A 담당 전문가와 아이들 담당 전문가가 상호협력을 한다.
- ◇ 아이들 주변에 적절하지 않은 성적 도구, 책, 잡지, 사진, 비디오를

두지 않아야 한다.

◇ 아이들을 위한 공간과 가구를 갖춘 깨끗한 집을 마련한다.

◇ 아이를 키울 만큼 안정적이라는 증거로 6개월 연속 월세와 각종 고지서를 납부한 영수증을 아동 담당국에 제출한다.

◇ 가족이 살아가는 데 필요한 합법적인 수입을 보장한다.

◇ A는 2012년 1월까지 이 목표들을 만족시켜야 한다.[5]

그녀는 약물 치료를 받았음에도 감정을 다스리지 못했고 행동도 개선되지 않았다. 그녀는 아이들이 육체적, 성적으로 학대를 받았다는 사실과 아이들을 방치했다는 사실을 인정하지 않았다. 아이들에게 충분한 공간과 잠자리를 제공할 수 있다는 점 역시 보여주지 못했다. 2013년 법원은 그녀의 친권 여부를 결정하기 위한 심리를 열었다. 다음은 법원 기록을 발췌한 것이다.

비글리는 2009년 시행한 평가 이후에 A의 감정, 우울증, 화와 이런 문제를 다루는 방법에서 A가 거의 변하지 않았다고 결론을 지었다.[6] A는 심리적 통찰력이 거의 없다. 그녀는 방어적이고 자신을 돌아보기를 주저한다. 자신이 처한 상황에 대해서 다른 사람을 탓하기 때문에 자신의 행동을 바꾸려는 의욕이 거의 없다. 그녀의 성격이 바뀌려면 장기간의 치료가 필요하다. 하지만 그녀와 같은 증상을 보이는 환자들은 치료를 포기하는 경우가 자주 있다. 그녀는 아이들을 안전하게 돌볼 만큼 정신적으로나 신체적으로 건강하지 않다. 2005년부터

현재까지 치료를 받았음에도 그녀는 건강을 회복하는 데 실패했다.[7]

고도갈등 성격 장애를 가진 사람들은 자신이 택할 수 있는 다른 선택지를 보지 못하기 때문에 자신이 처한 상황에 갇혀버리는 불행한 운명을 맞곤 한다. 불행하게도 그녀는 다른 사람들이라면 해결했을 문제를 풀지 못하고 꼼짝없이 갇혀버리고 말았다. "그녀는 방어적이고 자신을 돌아보기를 주저한다. 자신이 처한 상황에 대해서 다른 사람을 탓하기 때문에 자신의 행동을 바꾸려는 의욕이 거의 없다."는 증언이 보여주듯이 말이다.

이는 어린 시절에 그런 식으로 생각하도록 구성된 환경에서 자라난 탓일 수도 있고, 생물학적으로 그런 특징을 갖고 태어난 탓일 수도 있고, 둘 다인 경우도 있다. 기록에 따르면 그녀는 외상 후 스트레스 장애를 갖고 있으며 학대를 받는 관계 속에 있었다. 그러나 분명한 것은 그녀에게 스스로를 바꿀 여러 기회가 주어졌음에도 바뀌지 않았다는 것이다.

소년 법원은 아동 담당국이 그녀의 상황을 바꾸기 위해서 "적절한 노력만이 아니라 매우 힘든 노력"을 기울였고, 여러 해 동안 아이들과 부모를 지원해온 점을 인정했다.[8]

막내 아이 캐링턴의 소송 후견인은 최후 진술에서 "아마도 가장 슬픈" 소송이었을 것이라고 묘사했다. 그럼에도 그는 "연극성 성격 장애와 그녀가 인생에서 마주해야 했던 다른 안타까운 문제들"에 근거

해서, 소년 법원에 그녀의 친권을 종료시켜 달라고 요청했다.

이 사건은 성격 장애를 바꾸는 게 얼마나 어려운지를 보여주는 안타까운 사례이다. 우리는 그녀의 과거를 알지 못한다. 그러나 이와 같은 상황은 다음 세대까지 영향을 미친다. 그녀는 고도갈등 성격을 가진 사람들에게 흔하게 보이는 약물 남용 문제도 갖고 있었다. 고도갈등 성격의 소유자는 어떤 문제에 대한 자신의 해결책이 제대로 먹히지 않을 때 느껴지는 커다란 고통을 잊고자 약물에 의존하는 경우가 종종 있다. 불행하게도 이런 식의 자기 치료는 아이들과의 관계에 부담만 더 가중시킨다.

안타까운 점은 A가 자신의 연극성 성격 장애와 남을 탓하는 행동에서 벗어나지 못하는 동안, 아이들이 여러 해 동안 위탁 가정을 돌아다니며 불안정한 상황에 놓였다는 점이다. 성격 장애를 가진 사람이라면 누구나 친권을 잃어야 한다는 게 아니다. 문제 행동과 성격 장애가 쉽사리 바뀌지 않는다는 점을 강조하고 싶다. 이제는 다수의 보호기관과 법원이 1년 이내에 확연한 행동 변화를 보일 것을 요구하고 있다. 이를 통해 아이가 건강한 가정에 빨리 입양되어 제대로 양육 받도록 하고 있다.

과장된 말에 내용이 빈약하다면

연극성 고도갈등 유형 판별법

특징만 알면 연극성 고도갈등 성격의 소유자는 쉽게 식별할 수 있다. 그들은 상당히 극적이다. 또한 화가 나는 상황에서 감정적으로 반응하는 사람 정도로 오해를 받는다. 그러나 연극성 고도갈등 성격의 소유자의 극적인 면은 고질적이고 심각하다. 이는 자기 내부의 분노에 대한 반응이다. 때문에 무엇이 그들에게 극적인 반응을 불러내는지 찾아야 한다. 마주하고 있는 이의 격한 감정 표현이 상황과 무관하게 지속적으로 나타난다면, 연극성 성격 장애일 가능성이 있다. 만일 그가 극적인 반응의 원인으로 다른 사람을 과하게 탓한다면, 역시 연극성 고도갈등 성격일 수 있다. WEB법으로 알아보자.

1. 말(W)

그들의 말은 극단적인 경우가 많다. 평범한 상황에 대해서도 모 아니면 도 식의 표현을 많이 쓴다. 그들은 생각지 못한 결론으로 바로 뛰어넘는다. 과장은 그들의 가장 중요한 특징이다.

그러나 그들의 말에서 내용에만 주의를 기울여서는 안 된다. 말할 때 감정적으로 고양된 음조를 들어보자. 듣는 사람으로 하여금 압박을 느끼게 한다.("이게 얼마나 끔찍한 일인지 당신도 이해해야만 해요!") 때로 그들의 말에서 극적인 친밀감이 나타나기도 한다.(속삭이는 말로 "들었어? 그 사람 지난 주 회의에서 한 말 때문에 해고당할지도 모른다는 말? 아무한테도 말해선 안 돼.") 아이러니하게도 그 사람은 이 '비밀'을 극적이고 음모가 섞인 말투로 모든 사람에게 말하고 다닌다. 그 말이 부지불식간에 퍼져 정말로 한 사람이 해고당하기도 한다. 그들은 자신을 피해자로 생각하는 경우도 있다. 자신이 생각하기에 그런 감정을 일으키는 사람(실제로는 자기 내부에서 일어나는 것임에도)을 찾아 돌아다니며 어디에서든 비난의 표적을 찾는다.

2. 감정(E)

연극성 고도갈등 성격의 소유자와 대화를 하면 피해야 한다는 강한 충동이 드는 것이 일반적이다. 그들의 감정은 너무 강해서 그들과 시간을 보내면 과도한 자극을 받았다는 느낌과 감정적으로 소진된 느낌을 받는다. 그러나 그들의 이야기로부터 벗어나기는 쉽지 않다. 연극성 고도갈등 성격의 소유자는 필사적으로 관심을 얻으려 하기 때문에 당신이 대화를 끝내고 자신에게서 멀어지는 걸 가만히 놔두지 않는다. 연극성 고도갈등 성격의 소유자는 끊임없이 고뇌한다. 이는 90퍼센트의 사람들이라면 고통스러워하지 않을, 아니면 고민도 하지 않을 사소한 사건과 관련이 있다.

3. 행동(B)

그들의 행동은 연극적인 경우가 많다. 하지만 이 모습이 항상 부정적이지는 않다. 이 성격 유형은 관심을 즐기기 때문에 신체적인 움직임이나 말하는 방식이 유혹적인 경우가 있다. 그들은 어떻게 해야 관심을 끌 수 있고 사람들을 유혹할 수 있는지를 학습해왔다.

연극성 고도갈등 성격의 소유자는 자신의 화난 감정을 특정한 사람 탓으로 돌리는 경향이 있다. 그들은 반복적으로 비난의 표적을 곤란한 상황에 처하게 하고 그들에 대한 소문을 퍼트린다. 자신이 퍼뜨린 부정적인 말을 부인하기도 한다.("난 그 사람이 잘릴 거라고 말하지 않았어. 다른 사람한테 들은 말을 전했을 뿐이야. 다른 사람 누구? 어, 그건 말할 수 없어.")

연극성 고도갈등 성격의 소유자는 진실을 왜곡하여 과장하는 것을 좋아한다. 그들에게는 사실보다 인상이 더 강하게 작용하기 때문이다. 그들은 자신의 말이 진실하다고 확신하기도 한다.

나의 경험에 비춰보면 많은 연극성 고도갈등 성격의 소유자는 삶이 자신을 마치 바늘방석처럼 대한다고 느끼고, 모든 사소한 사건을 극심한 외상처럼 느낀다. 그래서 90퍼센트의 사람들이라면 거의 반응하지 않을만한 일에 과잉 반응을 하면서 모든 사람에게 그 일을 얘기해야 한다고 느낀다. 이렇게 사소한 일로 과잉 반응한 탓에 그들은 자신과 어울리는 사람들에게서 멀어진다. 이 유형에게는 대개의 사건이 실제보다 크고 중요하게 느껴지기 때문에, 그들은 사소한 일들을 많은 사람에게 말하는 편이다. 그래서 그들은 다른 고도갈등 유형들보다 나쁜 평판을 받을 위험이 높다.

그들의 이야기에 끌려가면 안 된다

연극성 고도갈등 유형을 피하는 법

연극성 고도갈등 성격의 소유자는 너무나도 극적이어서 그들을 알아보고 피하기가 쉽다. 그들의 감정적 반응과 극적인 발언이 해당 사건에 비해 극단적인 것인지만 확인하면 된다. 때문에 그들의 극적인 반응에 지나치게 귀를 기울이지 않아야 한다. 만일 당신이 어떤 일에 과잉 반응하는, 어쩌면 연극성 고도갈등 성격일지도 모르는 사람을 알게 되었다면 다음에 비슷한 일이 있을 때 그 사람의 말에서 '흥미로운' 점을 찾아내서 객관적인 말만 하고 화제를 바꿔보자. 그 사람이 계속해서 당신과 말을 하려고 한다면, 해야 할 일이 있다고 말한 다음에 당장 그 사람에게서 벗어나야 한다.

질질 끌며 꾸물거려서는 안 된다. 그랬다가는 그들에게 또 다른 극적인 이야기나 감정이 들어간 긴 이야기를 마련할 기회만 줄 뿐이다. 다소 불친절하다고 느낄 정도로 단호해야 한다. 끝도 없는 이야기를 들어준다고 그들의 기분이 나아지지 않는다. 그들은 자신의 얘기를 말한다고 해서 안정을 얻지 못한다. 그래서 안정을 찾고자 얘기를 들어줄 누군가를 찾아 계속해서 자기 이야기를 풀어낸다. 그들의 기분은 그들이 할 수 있는 일에 집중할 때 나아진다. 안타깝지만 이 점이 중요하다. 대다수 사람은 어찌되었건 불행한 사건을 떨쳐버리고 앞으로 나아간다. 하지만 모든 고도갈등 성격, 특히 연극성 고도갈등 성격의 소유자는 일반적인 방법으로는 그 사건에서 벗어나지 못한다. 그들의 화난 감정에 엮여 문제를 악화시키지 않도록 피하는 게 최선이다.

정중한 단호함이 통한다

연극성 고도갈등 유형을 대하는 법

같이 일하거나 같이 살기 때문에 연극성 고도갈등 성격의 소유자를 피할 수 없다면 CARS법을 명심하며 그들을 대하자.

1. 연결하기(C)

공감과 관심과 존중을 담아서 적절한 시간 동안(5~10분) 얘기를 들어주자. 그들에게 공감한다는 것을 알게 해야 한다.

"그건 참 곤란한 일 같네요."

그런 다음에 그들과 일을 해야 하거나 어떤 문제를 두고 논의를 해야 한다면 분석하는 단계를 덧붙임으로써 그들의 주의를 집중시킬 수 있다.

"오늘 제가 도울 수 있는 부분은 그 문제들에 대해서 얘기를 나누는 것이에요. 그리고 당신과 다음 일을 할 거예요."

2. 분석하기(A)

그들에게 선택권을 주자. 그들을 극적인 면에서 멀어지게끔 이끌 수 있다. 그들이 지나치게 감정적인 상태라면, 뭔가를 선택하도록 제시하자.

"지금 이걸 하고 싶은가요?"

"아니면 다른 날 만나야 할까요?"

그들을 두 가지 선택 사항에 집중하게 하자. 두 가지 중 어느 것도 아주 감정적이지 않다. 그들이 만든 극적인 상황에 빨려 들어가지 말자. 조금 불친절해 보인다면, 공감과 존중을 담아 말을 하자. 두 가지 선택 사항만 제시할 때는 단정적으로 말해야 할 수 있다. 그리고 그들의 극적인 발언을 계속 들어선 안 된다. 만약 그들에게 선택 사항을 따져보게 했는데도 계속 과잉 반응한다면 이렇게 말하자.

"당신이 그 일 때문에 얼마나 화가 났는지 알겠어요. 지금은 가야 해요. 나중에 얘기해요. 안녕."

3. 반응하기(R)

연극성 고도갈등 성격의 소유자가 당신에게 적대적이라면, 다른 식으로 선택하게 하자.

"당신이 이런 식으로 말하기로 결정한다면, 나는 대화를 끝내야만 하겠어요. 당신의 선택에 달려 있어요."

이는 전화통화 중일 때 특히 도움이 된다. 다음에 이렇게 말하자.

"나는 지금 전화를 끊을 거예요. 좀 더 차분하게 얘기하고 싶어질 때 우리는 다시 얘기할 수 있어요. 안녕."

그후 그 사람이 설령 말을 하고 있더라도 전화를 끊는다. 무례해 보이지만, 어디까지나 그들의 '선택'이었다는 걸 기억하자. 만일 그들이 다 말할 때까지 기다렸다가 대화를 마친다면 몇 시간이 걸릴지 모른다.

만약 그 사람이 잘못된 정보를 말한다면 말로든 글로든 BIFF 반응법을 써보자. 예를 들어 "당신은 내게 다시 전화해주지 않았어요!"라는 말을 들었다고 가정하자. 그럴 경우 간략하고, 사실적이고, 우호적이며, 확고하게 다음과 같이 말하자.

"내가 바로 당신에게 전화를 다시 하지 않아서 낙담했다는 걸 이해해요. 며칠 안에는 다시 전화할 수 있어요. 주중에 너무 바쁘면 최소한 주말에는 해줄게요. 이제 다음 주 계획을 얘기합시다."

연극성 고도갈등 유형의 공격이나 과장에 반응할 때 화를 내거나 방어적인 태도를 취하는 것은 전혀 도움이 안 된다. 오히려 당신과 당신이 아는 사람을 향한 그들의 극적인 행동과 발언만 늘리는 경우가 많다.

4. 선 긋기(S)

반응하기 단계에서 선 긋기를 할 수 있다. 방침, 규칙, 적절하게 행동하면 좋은 이유를 강조해야 한다. 그 사람이 하지 않길 바라는 것보다 하길 바라는 것에 초점을 맞춰야 한다. 당신이 제안하는 행동에 따를 긍정적인 결과와 그렇지 않았을 때 따를 부정적인 결과를 얘기해야 한다.

"그에 대해서 좋은 일만 얘기해주세요. 그 사람의 나쁜 점만 듣고 있으니 의기소침해져요. 우리가 그 사람에 대해 얘기할 거라면 힘이 나는 뭔가를 듣고 싶어요. 그렇지 않을 거면 다른 얘기를 하죠."

"그 담당자와 문제가 있다니 정말 안됐어요. 그 문제를 해결하기 위해서 이제 당신의 제안에만 집중하고 싶어요."

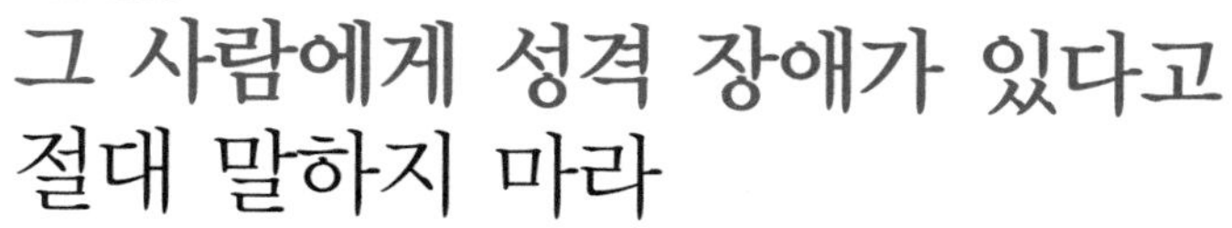

그 사람에게 성격 장애가 있다고 절대 말하지 마라

연극성 고도갈등 유형과 멀어지는 법

연극성 고도갈등 성격의 소유자에게서 멀어지려면 준비와 인내가 필요하다. 앞서 살펴본 에이미와 그녀의 어머니 네이딘의 사례를 예로 들어보자. 에이미가 네이딘과 멀어질 현실적인 계획을 세우려면 우선 자신을 다잡고 상담가와 얘기해야 한다. 그다음 자신의 어머니에게 하려는 말을 상담가와 연습한다. 그녀가 자기 어머니 역을 맡고 상담가가 에이미 역을 맡아 어떤 말이 그녀에게 도움이 될지 연습한다. 역할을 바꿔 상담가가 어머니 역을, 에이미가 본인 역을 하면서 어머니에게 할 말을 연습한다. 이 과정에서 어머니가 할만한 말과 그녀가 보일 최선과 최악의 반응을 추측해야 한다.

대화를 언제, 어디에서, 누구와 함께할지도 계획해야 한다. 가족이나 가까운 친구가 고도갈등 성격의 소유자일 때, 상담가의 사무실에서 상담가, 포지티브 옹호자(positive advocate, 긍정적인 영향을 미치는 옹호자)와 대화를 나누는 게 도움이 된다.

에이미는 어머니가 나중에 혼자 살 수 없을 것 같으면 그녀를 어떻게 돌볼 것인지에 대해서도 계획을 세워야 한다. 만약 어머니에게 응급 상황이 생길 가능성이 있다면 그녀를 도울 몇 가지 대비책(의료 경보 서비스, 재택 간호나 새로운 생활 환경 등)을 마련해야 한다. 이런 준비 과정을 거친다면 어머니가 에이미에게만 기대지 않아도 된다.

에이미는 어머니가 자신의 거리두기에 강하게 저항할 것을 대비해야 한다. 자신의 계획을 지키며 일관성을 유지하고 평정심을 잃지 않아야 한다. 이는 말처럼 쉽지 않다. 그렇지만 세심하게 준비하고 외부의 도움을 받으면 가능하다.

연극에 빠져들지 말자

연극성 고도갈등 성격은 다른 유형의 고도갈등 성격에 비해 비율이 적다. 하지만 다른 고도갈등 유형이 연극성 성격의 특징을 보이는 경우는 흔하다. 이 장에서 설명한 원리는 다른 고도갈등 성격, 특히 경계선 고도갈등 성격에도 적용된다. 자신을 보호할 효과적인 방법은 누군가의 극단적이고 감정적인 행동과 마주할 것을 대비하는 것이다. 그렇게 하면 당신은 연극성 성격 장애를 가진 누군가와 극적인 대화를 나누는 자신을 발견했을 때도 평정심을 유지하면서 목표에 집중할 수 있다.

연극성 고도갈등 성격의 소유자는 당신이 자신의 인생을 망가뜨린다고 사람들에게 이야기한다. 이 점에 대비해서 그 사람과 '힘든'

관계에 있다고 주변 사람들에게 얘기해야 한다. 하지만 성격 장애나 고도갈등 성격에 대해 말해서는 안 된다. 당신에 대해서 신경 쓰이는 말을 들으면 바로 연락하라고 사람들에게 부탁해야 한다. 연극성 고도갈등 성격의 소유자와 관계를 유지할 수 있다 해도, 가능한 한 빨리 그들의 삶에서 당신을 지울 준비를 해야 한다. 그들의 연극 속으로 빨려 들어가지 않도록 대비해야 한다.

때로는 네거티브 옹호자가 고도갈등 성격의 소유자보다 더 극단적이고 확고하다. 고도갈등 성격의 소유자는 배우자나 동료나 이웃으로서 당신과 긍정적인 관계를 유지하는 시기가 있다. 하지만 네거티브 옹호자는 당신과 별다른 교류가 없는 경우가 많다. 고도갈등 성격의 소유자는 한때 당신을 좋아했기 때문에 약간의 애매한 감정을 느끼는 반면, 네거티브 옹호자는 당신에게 완전히 적대적일 수 있다는 얘기다. 네거티브 옹호자는 '번쩍이는 갑옷을 입은 기사'인 양 자신을 구세주라고 착각하기도 한다.

3부
솔루션

8장

어떻게 이런 사람을 옹호할 수 있지?

네거티브 옹호자를 마주하는 순간

어떤 사람들은 고도갈등 성격의 소유자가 발산하는 극단적인 두려움과 분노, 어린아이 같은 매력에 감정적으로 휩싸이기도 한다. 그러나 그들은 자신이 처한 상황에 대해 많은 조사도 하지 않고 의문도 갖지 않은 채 고도갈등 성격의 소유자의 의견과 감정을 그대로 수용한다. 이런 사람들을 네거티브 옹호자[1]라고 부른다. 네거티브 옹호자는 고도갈등 성격의 소유자의 부정적인 발언과 감정과 행동을 옹호하는 데 깊이 빠져 그들의 '사악한' 비난의 표적으로부터 고도갈등 성격의 소유자를 '지키려고' 한다. 잘못이 있는 사람을 잘못된 방법으로 돕는 꼴이다. 상황은 대개 더 나아지기는커녕 나빠진다. 비난의 표적은 말할 것도 없고, 고도갈등 성격의 소유자의 상황 또한 악화된다. 네거티브 옹호자는 가족이나 친구나 전문가(카운슬러나 성직자나 변호사 등)인 경우가 많은데, 이들은 고도갈등 성격의 소유자에게 자신들이 도움을 준다고만 생각한다.

네거티브 옹호자는 알코올 중독자나 약물 중독자 주변의 조장자

enabler (그들에게 헌신적으로 봉사만 하는 사람-옮긴이)나 공의존자codependent (자신의 도움이 절실하게 필요하다는 생각에 중독되어 그 사람과 종속적인 관계에 있는 사람-옮긴이)와 비슷하다. 고도갈등 성격의 소유자 편을 들면서 그 사람의 갈등과 다툼을 돕는다. 이는 그들의 문제적 행동과 감정과 생각을 강화시켜 그를 옴짝달싹 못 하게 만든다. 이런 식으로 부추김을 받은 고도갈등 성격의 소유자는 더욱 부정적인 행동을 하고, 이로 인해 더 많은 사람이 등을 돌린다. 결국 고도갈등 성격의 소유자를 다치게 하는 꼴이다.

비난의 표적은 네거티브 옹호자의 적극성에 놀라 큰 타격을 받는 경우가 많다. 네거티브 옹호자에게 놀라지 않고 그들의 행동을 막을 수 있도록 대비해보자.

만일 당신이 고도갈등 성격의 소유자에게 비난의 표적이 되었다면, 그의 네거티브 옹호자와 마주할 준비를 해야 한다. 때로 네거티브 옹호자는 고도갈등 성격의 소유자보다 더 많은 에너지를 갖고, 더 부정적으로 행동하고, 사람들로부터 큰 신뢰를 받기도 한다. 심지어 한 명의 고도갈등 성격의 소유자에게 여러 네거티브 옹호자가 있는 경우도 있다.

조만간 이 네거티브 옹호자가 당신의 인생에 등장할 것이다. 당신의 행동을 고도갈등 성격의 소유자에 맞추도록 당신을 설득할 수도 있다. 설득이 통하지 않을 경우 당신에 대한 안 좋은 소문을 퍼뜨리거나, 공개적으로 당신을 모욕하거나, 당신을 상대로 소송을 걸거나, 당신의 업무를 방해하거나, 당신에게 경제적으로 손해를 입히거나, 심지어 당신에게 폭력을 부추김으로써 당신의 인생을 망가뜨릴 수 있다. 본질적으로 고도갈등 성격의 소유자를 지원하는 셈이다.

네거티브 옹호자를 이해하고 그들이 취할 행동과 조작에 대비한다면 슬픔과 곤경으로부터 벗어날 가능성이 높다. 네거티브 옹호자를 중립적으로 만드는 방법은 기본적으로 CARS법의 연결하기와 반응하기다. 일반적으로 화를 내거나 방어를 하지 않으면서 그들에게 정확한 정보를 줘야 한다. 공감과 관심과 존중으로 그들을 대해야 한다. 그 후에 BIFF 반응법으로 그들에게 실제 상황을 알려주어야 한다.

"당신이 그 사람에게 도움을 주고 싶어 한다는 걸 나도 알아요. 하지만 그 사람이 제기하는 문제는 지난달에 해결되었다는 걸 당신이 모르는 것 같아요."

"대개 당신이 제안하는 건 좋은 의도일 것이에요. 그러나 이 경우엔 두 가지 이유에서 문제를 키우기만 할 것이에요."

가족

대개의 네거티브 옹호자는 자신의 딸과 아들, 부모 등을 도우려는 가족이다. 그들은 자기 가족인 고도갈등 성격의 소유자가 다른 누군가로부터 부당한 대우를 받아왔다고 믿는다. 또 고도갈등 성격의 소유자의 문제가 심각하다고 믿는 경향이 있기 때문에 쉽사리 네거티브 옹호자가 된다. 그래서 네거티브 옹호자 가족은 상대가 그 사람의 상사이든, 정부 기관이든, 심지어 법이든 상관하지 않고 그 사람을 위해 싸우러 나간다.

나는 고도갈등 성격의 소유자가 법정에서 자신을 변호하려고 자신의 자녀나 부모 혹은 다른 친척을 데리고 나오는 경우를 많이 겪었다. 일반적으로 가족은 소송이 진행되면서 구체적인 내용이 드러나면 그만 나오는 경우가 많다. 그러나 어떤 소송에서는 네거티브 옹호자가 자신의 가족에게 너무나도 헌신적인 나머지 법정에 계속 출석했다. 고도갈등 성격의 소유자는 유죄를 선고받았지만, 그의 가족들은 법정에 출석해 판결에 저항하며 판사에게 소리를 질렀고, 법정 밖으로 나가라는 명령을 받았다. 그들은 증거보다 자신의 가족을 믿었다.

네거티브 옹호자에 대한 세 가지 주요 특징은 다음과 같다.

◇ 심한 갈등 상황에서는 감정의 전염성이 매우 강해서, 실제 정보가 네거티브 옹호자에게 거의 영향을 미치지 못하는 경우가 많다. 하지만 고도갈등 성격의 소유자를 동료나 이웃으로서 만난 지 얼마 안 된 네거티브 옹호자는 대개 정확한 정보를 접하고 그 사람을 떠난다.

◇ 대다수의 네거티브 옹호자는 자신이 사람들 앞에서 어떻게 보일지 신경 쓰지 않는다. 고도갈등 성격의 소유자를 위한 싸움에 헌신적이기 때문이다.

◇ 내 경험에 비추어 볼 때, 대부분의 네거티브 옹호자들은 성격 장애나 고도갈등 성격을 갖고 있지 않다. 단지 그들은 잘못 이끌렸을 뿐이다. 그러나 일부는 성격 장애가 있다. 때로는 성격 장애가 가

족 안에서 물려지기도 한다. 동료나 친구 같은 대다수의 네거티브 옹호자들은 고도갈등 성격의 소유자가 아니다. 고도갈등 성격의 소유자에 의해서 감정적으로 휘말렸을 뿐, 상황의 진실을 알게 되면 적절하게 반응할 수 있다.

친구, 이웃, 동료

가족이 아닌 네거티브 옹호자 대다수는 고도갈등 성격의 소유자에 의해 최근에 모집된 사람들이다. 만일 당신이 고도갈등 성격의 소유자에게 비난의 표적이 되었다면, 네거티브 옹호자는 당신의 행동을 바꾸려 할 것이다. 혹은 아예 사라져버리라고 요구할 수도 있다. 고도갈등 성격의 소유자를 당신으로부터 지켜야 하는 희생자라고 믿기 때문이다. 그러나 그 사람에게 상황에 대한 정확한 정보를 차분한 상태에서 전달할 기회가 있다면, 고도갈등 성격의 소유자의 가족인 경우보다 쉽게 설득할 수 있다.

과거에 나는 고도갈등 행동을 어떻게 다뤄야 할지 주택소유자협회에 자문을 한 적이 있다. 두세 명의 회원이 고도갈등 성격의 소유자로 보이는 회원의 불만을 지지하는 상황이었다. 협의회는 어떤 이슈든 회원들 의견을 먼저 들어보려고 했다. 그렇기 때문에 불만 사항은 협의회가 끝날 때까지 기다렸다가 해야 한다는 방침을 갖고 있었다. 그러나 이 사례에서는 고도갈등 성격의 소유자와 그의 옹호자들이 협의회가 끝나기도 전에 격노하며 뛰쳐나갔다. 이로 인해 누구도 그 문제의 정확한 정보를 알 수 없었고, 결국 그 문제를 해결할 수 없었다.

나는 그 협회의 회원들이 불만을 제기하면 바로 적절한 정보를 통해 불만에 대응을 하라고 권했다. 내 제안에 따라 그 협회는 문제에 대한 정확한 정보를 제공했다. 그러자 네거티브 옹호자들은 다음 협의회부터 고도갈등 성격의 소유자의 불만을 거들지 않았다. 네거티브 옹호자에게 정확한 정보를 제공하는 것은 그들이 고도갈등 성격의 소유자에게 걸려들지 않도록 도와준다.

배우자나 룸메이트 역시 네거티브 옹호자가 될 수 있다. 그들은 고도갈등 성격의 소유자가 표출하는 극단적인 감정에 동조한다. 또는 그를 진정시키려고 그의 생각에 동의하기도 한다. 물론 이는 오래가지는 않는다. 고도갈등 성격의 소유자는 이웃과 맞설 때 배우자나 룸메이트가 자신의 옹호자가 되어주기를 바란다.

고도갈등 성격의 소유자가 개, 소음, 막힌 주차로, 자신의 집에 떨어지는 낙엽 등에 대해 불만을 제기하러 자신의 옹호자를 끌고 이웃집을 찾아가는 상황을 가정해보자. 이웃 간의 가벼운 대화로 끝날 수 있는 문제가 고도갈등 성격의 소유자와 그의 네거티브 옹호자, 이웃과 이웃의 옹호자 간의 맞대결이 된다. 고도갈등 성격의 소유자는 자신만만한 태도로 성급하게 분노를 폭발한다. 그러면서 자신의 배우자나 룸메이트에게 자기 편에 서야 한다는 압박감을 주며 지지를 바란다.

그래서 배우자나 룸메이트는 비난이나 고함 같은 부정적인 행동에 동참한다. 그렇지 않으면 집에 돌아갔을 때 후환이 따른다. 이런 일은 아파트에서건, 소형 주택에서건, 부자 동네의 대저택에서건 항상 일어나는 일이다. 이런 갈등을 가까이에서 들여다보면, 그 안에 최소 한 명의 고도갈등 성격의 소유자가 관여하고 있고, 최소 한 명의 네거티브 옹호자가 그의 주장을 강화하고 있다. 만일 당신이 잠정적인 네거티브 옹호자라면 "당신도 알겠지만, 이웃과 일대일로 다정한 대화를 나누는 게 집단으로 공격받는다는 느낌을 주는 것보다 더 좋아요."라고 말하자.

그 누구도 네거티브 옹호자일 필요는 없다. 그러나 감정적으로 빠져들기는 쉽다. 이 점을 잘 인지하면 고도갈등 성격의 소유자가 자신의 싸움에 동참하라고 압박할 때 충동을 억제할 수 있다.

만약 당신이 집단으로 공격을 받는 사람이라면 일대일로만 얘기하겠다고 말하거나, 다른 누군가가 자리를 함께해야 말하겠다고 하자. 당신 쪽의 사람이 네거티브 옹호자처럼 행동하지 않도록 확실히 해야 한다. 그 사람이 상황을 추측하거나 대화를 주도적으로 한다면 상황은 더 나빠질 뿐이다. 또한 논의를 도와줄, 서로가 동의할만한 중재자를 찾아보는 것도 좋다.

전문가

놀랍게도 전문가가 네거티브 옹호자가 되는 경우는 흔하다. 고도갈등 성격의 소유자는 비난의 표적을 공격하는 데 힘을 싣기 위해서 종종 전문가를 찾는다.

변호사들은 자신을 네거티브 옹호자로 만드려는 고도갈등 성격의 소유자에게 상담을 요청받는 경우가 빈번하다. 대부분의 변호사는 자신의 법률적 역할을 벗어나는 일을 하지 않는다. 그렇기에 적법성이 거의 없는 법적 권리를 주장하는 고도갈등 성격의 소유자의 요구를 거절한다. 하지만 언제나 예외는 있는 법이다. 몇몇 변호사는 그들의 네거티브 옹호자가 된다. 강한 변호 성향이 있고 감정적으로 잘 빠져들기 때문인데, 때로는 자신의 전문성에 상처를 입기도 한다. 어떤 변호사들은 고도갈등 성격의 소유자를 위해 큰 위험을 감수하고 윤리적 기준을 어기는 바람에 공개적인 망신을 당하거나 벌금을 낸다.

법을 심하게 왜곡해 자신의 고용인의 비난의 표적을 부적절하게 공격한 다음 미꾸라지처럼 빠져나가는 변호사도 있다. 어쩌면 그 사람들도 고도갈등 성격과 성격 장애를 갖고 있을지도 모른다. 법원에서 대립하는 과정은 고도갈등 성격의 소유자에게 매력적으로 보일 수 있다. 특히 법정 소송 과정에서 자신을 과시하고 다른 사람들보다 우월함을 보여주고 싶은 자기애성 고도갈등 성격의 소유자를 끌어당긴다. 징계와 규정으로 고도갈등 성격의 소유자의 변호사를 통제하기는 쉽지 않다. 자격 정지나 자격 박탈처럼 경력에 심각한 손해를 끼치는 징계가 아닌 이상, 그 사람에게 거의 아무런 영향을 주지 못한다.

만일 당신이 고도갈등 성격의 소유자와 법률 소송에 휘말렸다면, 그의 변호사가 네거티브 옹호자일 가능성에 대비해야 한다. 그 변호사가 감정적으로 휘말렸든 그 자신도 고도갈등 성격의 소유자든 간에 당신에게 큰 위협이 될 수 있다. 고도갈등 성격의 소유자와 그의 변호사가 감정과 의견을 적극적으로 드러낸다면 당신은 정확한 정보를 단호하게 제시해야 한다. 비난하고 엄포를 놓는 대신 사실에 기반해 당신의 소송을 맡아줄 이성적인 변호사가 있으면 도움이 된다. 혼자 힘으로 판사 앞에 서야 한다면, 사건에 대한 사실을 차분하게 설명하는 동안 상대방이나 상대 변호사에 대한 감정이 아니라 판사에게 집중하는 게 도움이 된다. 이 문제에 대해서 더 자세한 조언을 얻고 싶다면, 나의 저서 《법적 다툼에서의 고도갈등 성격High Conflict People in Legal Disputes》을 참고하자.

고도갈등 성격의 소유자는 자신의 네거티브 옹호자가 되어줄 심리상담가를 찾는다. 대부분의 심리상담가는 선을 분명하게 그어서 고객의 고조된 감정에 빠져들지 않지만, 일부는 그들의 감정에 빠져 자신의 전문적인 역할을 넘어선 행동을 한다. 임상심리사로서 나는 이런 경우를 많이 봐왔다.

어떤 사례에서는 심리상담가가 고객을 위해 법원에 편지 쓰고 진술을 하거나, 가족 분쟁이나 상해 사건에서 편을 들어주었다. 자신의 고객에게 감정적으로 강하게 애착을 가져 고객의 말을 모두 다 믿는 경우도 있었다.

1990년대에는 많은 심리상담가가 이 덫에 빠졌는데, 상담 중에 부모에 의한 아동 시절 성폭력에 대한 기억을 되찾는 성인을 치료하면서 법적 문제에 처하기도 했다. 이런 사례들 가운데에는 실제인 경우도 많다. 하지만 많은 전문가가 네거티브 옹호자로서 과도하게 관여하면서 자신의 환자들이 잘못된 기억을 되찾도록 도움을 주었다.

어느 직종에나 감정적으로 쉽게 말려들어 상황을 더 안 좋게 만드는 사람들이 있다. 하지만 성직자와 의사, 간호사와 교사와 사회복지사의 경우는 특히 그럴 가능성이 높다. 이 사람들은 뛰어난 공감 능력을 가진 경우가 많다. 그렇기 때문에 고도갈등 성격의 소유자를 옹호하면서 선을 넘는다. 때로는 그의 비난의 표적에 사적으로 맞서거나 공개적으로 공격하기도 한다.

이런 직업에 종사한다면 자신의 고객을 옹호하거나 지지하지 말고 중립을 유지해야 한다. 만일 갈등이 발생한다면, 자신의 고객에게 비난의 표적을 상대로 소송을 제기하기보다는 법률 전문가를 찾아가 보라고 조언하자. 그 고객이 발전하는 데 도움이 될 방향을 찾아야 한다. 만약 고도갈등 성격의 소유자의 심리상담가가 당신을 향해 네거티브 옹호자로 행동한다면, 당신은 심리상담가나 다른 적절한 포지티브 옹호자로부터 도움을 구해야 한다.

2006년 듀크 대학교에서 전문가가 네거티브 옹호자가 된 사례를 잘 보여주는 사건이 있었다.[2]

듀크 대학교 라크로스(그물이 있는 스틱을 이용해 상대편 골에 공을 넣는 경기로, 농구, 축구, 하키가 복합된 형태-옮긴이) 팀의 멤버들은 하우스 파티에 스트립쇼 여성 두 명을 불렀다. 그 가운데 한 명이 다음 날 성폭행을 당했다고 주장했다.

지방 검사 마이크 니퐁Mike Nifong이 그녀의 사건을 맡았고 적절한 조사도 없이 사건에 뛰어들었다. 그는 라크로스 팀 멤버 세 명을 강간 혐의로 고소했고 그 학생들에 대해 여러 차례 공개적인 발표를 했다. 그는 다문화 지역에서 재선에 도전하는 중이었다. 그래서 듀크 대학교에 심각한 인종차별과 성범죄가 만연하다고 주장했다. 얼마 지나지 않아 듀크 대학교와 기소된 세 명의 선수들에 대한 학교 내 시위와 국가적인 비난이 일었다.

그후 DNA 검사를 통해 세 명의 학생은 모두 피의자에서 배제되었다. 하지만 니퐁 검사는 처음에 이 증거를 은폐했다. 결국에 그는 공소를 취하했지만, 듀크 대학교와 라크로스 팀, 세 명의 선수의 명예는 심각한 손상을 입은 뒤였다. 미국 노스캐롤라이나주 변호사협회는 니퐁 검사의 법률 자격증을 취소했다. 그는 증거를 은폐했을 뿐만 아니라 법원과 변호사협회의 조사에서 거짓말을 했다.

이 사건은 한 전문가가 열성적인 네거티브 옹호자가 된 사례다. 니퐁 검사는 자신의 법률 자격증을 잃었으며 대중적인 굴욕을 당했다. 게다가 그에게 변호를 맡긴 젊은 여성은 그가 사건을 맡기 전보다 훨씬 심각한 어려움에 빠졌다. 니퐁 검사가 적절한 조사를 벌이지도 않고 타당한 증거를 공개하지도 않으면서 경솔하게 남의 시선을 끌었기 때문이다.

니퐁 검사가 좋은 의도를 가졌다 하더라도, 자신이 변호했던 여성을 포함해 여러 사람의 삶을 순식간에 나락으로 떨어뜨린 사실은 변하지 않는다. 그 여성이 고도갈등 성격인지, 지방 검사가 그 사건을 몰고 간 주된 인물이었는지는 말하기 어렵다. 어쨌거나 그 혐의는 그 여성 자신의 삶은 물론 그녀가 고발한 이들의 삶까지 망가뜨렸다. 라크로스 팀의 코치도 그중 한 명이다. 그는 자신의 팀을 제멋대로 굴게 놔뒀다는 비난을 공개적으로 받았다. 그 코치는 자신의 학생들을 옹호했지만 DNA 증거가 나오기 전 몇 달 동안 경멸과 수모를 견디지 못해 사임하고 말았다. 만약 네거티브 옹호자가 자신의 권력을 사용하기 전에 사건을 조사할 시간을 충분히 가졌더라면, 이런 상황은 피할 수 있었을 것이다.

나를 더 괴롭힐 수 있는 사람들

네거티브 옹호자 판별법

네거티브 옹호자는 쉽게 눈에 띄는 경우도 있다. 그들이 고도갈등 성격의 소유자의 상황에 아주 감정적인 데다가 그를 지지하기 위해 당신을 강하게 설득하기 때문이다. 그들은 극단적인 사고를 하고 모 아니면 도 식의 해법을 쓰려고 한다.("그 사람이 이 상황에서 완전히 이용당해 왔어요. 당신도 그게 보이지 않나요? 당신은 그 사람을 도와줘야만 해요. 아니면 이 일에 대해서 그 사람을 아주 너그럽게 봐줘야 해요.")

때로는 네거티브 옹호자가 고도갈등 성격의 소유자보다 더 극단적이고 확고하다. 고도갈등 성격의 소유자는 배우자나 동료나 이웃으로서 당신과 긍정적인 관계를 유지했던 시기가 있다. 하지만 네거티브 옹호자는 당신과 별다른 교류가 없는 경우가 많다. 고도갈등 성격의 소유자가 한때 당신을 좋아했기 때문에 약간의 애매한 감정을 가진 반면, 네거티브 옹호자는 당신에게 완전히 적대적일 수 있다는 얘기이다. 네거티브 옹호자는 '번쩍이는 갑옷을 입은 기사'인 양 자신을 구세주라고 착각하기도 한다.("당신을 위해 세상이 끝날 때까지 싸울 거예요.")

이런 옹호자들은 존경받는 가족, 지역민, 변호사, 성직자, 카운슬러로서 고도갈등 성격의 소유자보다 대외적으로 많은 사람에게 신뢰를 받는 경우가 많다. 그들이 말하면 고도갈등 성격의 소유자가 말할 때보다 더 많은 사람이 귀를 기울인다. 고도갈등 성격의 소유자는 그들을 자기편으로 열심히 끌어모은다. 사람 수가 많을수록 강점이 있기 때문이다. 고도갈등 성격의 소유자는 사실에 기대지 않는다. 그보다는 자신의 네거티브 옹호자들이 얼마나 많고 얼마나 힘이 센 지를 중요하게 생각한다. 법정, 협회 모임, 직장, 정부 기관에 여러 명의 네거티브 옹호자를 대동하고 나타나는 경우가 많다.

고도갈등 성격의 소유자와 붙어 다니는 사람이라면 대부분 그를 위해 네거티브 옹호자 노릇을 할 수 있다. 만일 당신이 고도갈등 성격의 소유자와 상대하고 있다면 네거티브 옹호자의 존재를 항상 염두에 둬야 한다. 만약 누군가가 당신에게 접근해서는 고도갈등 성격의 소유자를 돕고 있다거나 대변하고 있다고 주장하면 그 사람을 네거티브 옹호자라고 가정하자. 성격 인지 기술을 이용해 그에게 받은 인상을 발전시켜야 한다. 조심해야 한다. 가능하다면 당신을 위한 포지티브 옹호자를 근처에 둬야 한다.

하지만 네거티브 옹호자일 수 있는 사람에게 화를 내선 안 된다. 그 사람은 실제로 가족이거나 친구거나 전문가이다. 고도갈등 성격의 소유자의 피해자이기도 하다. 그 사람이 네거티브 옹호자인지 포지티브 옹호자인지를 판별하기 전에 그들이 상황에 대해 어떤 생각을 갖고 있는지를 물어보자. 고도갈등 성격의 소유자와 사적인 관계에 있는 사람들에게 공감과 관심과 존중으로 접근하자. 할 수 있다면 상황에 대한 정확한 정보를 주어야 한다. 네거티브 옹호자와 대화를 나눈다면, 당신의 얘기를 듣고 고도갈등 성격의 소유자를 그만 옹호할 수도 있다.

네거티브 옹호자와 만나야 한다면 자신을 위한 포지티브 옹호자를 데려가는 것이 좋다. 포지티브 옹호자는 신뢰할 수 있는 친구, 카운슬러나 변호사나 중재자와 같은 전문가, 가족일 수 있다. 당신의 포지티브 옹호자는 고도갈등 성격의 소유자의 화를 돋는 행동을 보고선 성급하게 결론을 내리지 않는, 믿을만한 사람이어야 한다. 또한 고도갈등 성격의 소유자나 네거티브 옹호자와의 대화에서 당신보다 주도적인 역을 맡아서는 안 된다. 그보다는 당신을 지지하고 격려해줘야 한다. 상황에 대한 철저한 조사를 하지 않았다면 포지티브 옹호자는 싸움에 끼어들지 않아야 한다.

고도갈등 성격의 소유자와 대면하고 있는 자리에 포지티브 옹호자가 함께하지 않을 수도 있다. 자리에 없더라도 당신이 어떻게 할지를 도와줄 누군가가 필요하다. 그들은 당신이 시도할 수 있는 행동을 얘기해주거나, 당신을 도울 다른 사람을 알려줄 수 있다. 그런 사람으로는 가족이거나 변호사, 상담가가 있는데, 이 사람들은 네거티브 옹호자처럼 당신 편에 서서 당신을 무조건 지지하는 게 아니라 누군가를 비난하지 않고 문제에 도움이 될만한 해법을 당신이 찾아보도록 격려한다.

피할 수 없다면 내 편으로 만들어라

네거티브 옹호자를 대하는 법

당신이 고도갈등 성격의 소유자와 얽히고설킨 관계라면, 네거티브이건 포지티브이건 옹호자와 관계를 맺는 게 도움이 되는 경우가 많다. 그 옹호자가 중립적으로 당신에게 접근하면 특히 그렇다. 나는 CARS법을 사용하여 네거티브 옹호자를 진정시키거나 마음을 돌리는 경우를 자주 보았다. 네거티브 옹호자와 관계를 맺어 당신의 얘기를 정중히 말함으로써 그 사람이 오해하는 부분을 풀어야 한다.

"당신이 염려하는 바를 들었어요. 더 오해하기 전에 당신에게 몇 가지 정보를 제공해도 될까요?"

네거티브 옹호자와 개인적으로 만나는 경우에 당신 곁에 누군가가 있다면 좋다. 갈등을 더 부추기지 않고 무슨 말이 오갔는지 기억했다가 필요한 경우 당신에게 도움을 줄 수 있는 사람이어야 한다.

물론 네거티브 옹호자를 만나는 게 좋지 않은 상황도 있다. 그 사람이 처음부터 대단히 공격적으로 접근한다면, 뒤로 물러났다가 나중에 다가가야 한다. 안전이 염려된다면, 당신을 대신해서 네거티브 옹호자와 고도갈등 성격의 소유자와 대화를 나눌 누군가를 찾는 것이 최선이다. 포지티브 옹호자가 될만한 친구, 친척, 심리상담가, 변호사 등 대리인을 찾아보자.

안전하다고 생각되면 고도갈등 성격의 소유자의 네거티브 옹호자일 수 있는 사람과 일상적인 대화를 나누는 것도 고려하자. 이를 통해 당신이 다른 견해를 갖고 있다고 가볍게 설명하고, 그 사람이 당신에 대해 궁금해하는 점을 대답할 기회를 가질 수도 있다. 당신이 방어적이지 않음을 인지하고 당신이 잘못하지 않았다는 것에 동의하게 되면, 자신의 입장을 재고해볼 마음이 생길 것이다.

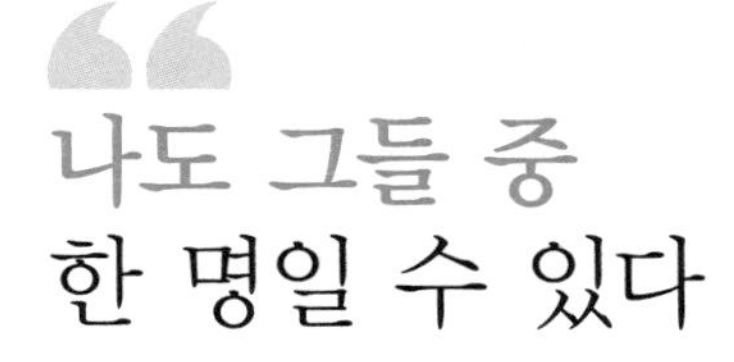

나도 그들 중 한 명일 수 있다

우리 모두가 네거티브 옹호자가 될 수 있다. 매우 화가 나 있고 자신을 변호해주기를 바라는 사람이 있다면 합리적 의심을 가져야 한다. 그 사람이 당신에게 바라는 행동이나 다른 사람들이 그 사람에 대해서 어떻게 생각하는지 알아봐야 한다.

고도갈등 성격의 소유자와 관계를 맺고 있다면, 다른 친구나 가족, 심지어 당신이 좋아하는 사람을 상대로 그를 위해 싸워 달라는 부탁을 받을 수도 있다. 하지만 자신을 충분히 지지해주지 않거나 '제대로' 옹호해주지 않는다고 느끼면 고도갈등 성격의 소유자가 자신의 네거티브 옹호자를 공격하는 경우도 있다는 점도 기억하자. 모든 고도갈등 성격의 소유자는 자신의 네거티브 옹호자가 뒤로 물러서면 쓰디쓴 배신감에 쉽사리 무너지곤 한다.

고도갈등 성격의 소유자가 당신을 자기편으로 끌어들이려고 한다면, 처음부터 차단해야 한다. 그가 처한 상황은 그 자신이나 상황을 잘 아는 다른 누군가가 가장 잘 수습할 수 있다는 점을 강조하자. 약간의 관심은 보여야 한다. 하지만 그들의 싸움에서 자리를 차지하는 것처럼 보여서는 안 된다.

"정말 안 좋은 상황 같네요. 하지만 저는 당신이 문제를 스스로 처리할 수 있을 것이라고 생각해요. 그 문제에 대한 책을 읽어보거나 이런 문제에 익숙한 누군가에게 조언을 구해보세요. 안타깝게도 저는 당신을 도울만한 입장이 아니에요."

차분한 감정 유지하기

고도갈등 성격의 소유자에 네거티브 옹호자까지 상대해야 한다는 점을 알게 되면 상황에 압도되어 어떻게 해야 할지 갈피를 못 잡을 수도 있다. 그래서 대비하는 게 중요하다. 예상치 못한 공격에 당황하지 않도록 말이다. 불편한 대화에 대비해 몇 가지 짧은 말이나 전략을 항상 갖고 있어야 한다. "재미있네요. 그 문제를 생각해볼게요."처럼 말이다. 그 상황에서 빠져나와서, 당신이 신뢰하는 사람에게 조언을 구하거나 다음 전략을 짤 시간을 가져야 한다.

이런 상황에서 화를 내거나 두려움을 보이거나 무기력함을 보이는 등 과도하게 대응하면 안 된다. 당신의 감정이 그들의 갈등 성향을 더 불태우거나, 그들이 당신을 더 쉽게 조종할 수 있다. 당신도 당신의 인생을 망가뜨리려는 누군가에게 이런 식의 약한 감정을 보여주고 싶지 않을 것이다. 신뢰할 수 있는 친구나 심리상담가에게 당신의 감정을 털어놓을 때까지 감정을 차분하게 유지해야 한다.

이 모든 정보를 파악하고 있어도 고도갈등 성격의 소유자와 그들의 네거티브 옹호자와 마주하는 일은 쉽지 않다. 하지만 이 책을 통해 학습한 성격 인지 기술은 당신이 이런 사람들을 애초부터 피하거나 잘 다룰 수 있도록 도움을 줄 것이다.

누구에게 도움을 받을지 결정했다면, 당신에게 상처가 되는 고도갈등 성격의 소유자의 행동 패턴을 그 사람에게 차분하게 설명하자. 먼저 가장 문제가 되는 세 가지 행동을 고르자. 그리고 다른 사람의 도움 없이는 멈추게 할 수 없다고 말하자. 문제되는 행동 패턴이 어떻게 반복적으로 나타나며 당신과 다른 사람들에게 어떤 피해를 주는지 보여줄 강력한 사례 서너 가지를 제시하자.

9장

혼자서 해결할 수 있다고 생각하지 마라

“

당신의 말을 알아들을 수 있는 사람을 찾아야 한다

”

고도갈등 성격의 소유자에게 비난의 표적이 되는 것은 충격적인 일이다. 오직 자신만이 이런 일을 겪는 듯 고립감과 무기력감을 느낀다. 이런 고립감과 고도갈등 성격의 소유자의 교묘한 조종 때문에 비난의 표적은 누구도 자신을 이해할 수 없다거나 사람들이 자신도 잘못한 사람이라고 여길 거라고 생각한다. 고도갈등 성격의 소유자는 모든 것을 뒤집어놓는다. 당신이 타당하다고 생각하는 반응이 완전히 잘못된 것이고, 완전히 잘못된 것이라고 생각하는 일이 타당한 것이 된다.

그러나 안심해도 된다. 이런 일을 겪고 있는 사람은 당신 혼자가 아니라 수천만 명가량 된다. 지금은 소수의 사람만이 고도갈등 행동패턴과 고도갈등 성격을 이해한다 할지라도, 점점 더 많은 사람이 이런 식의 고통스런 경험을 통해 이들에 대해서 알게 될 것이다. 대다수 사람이 비난의 표적이 되는 게 어떤 건지를 구체적으로 이해하지 못해도 이런 상황이 정상은 아니라는 건 인지할 수 있다. 책에 나오는 고도갈등 성격의 소유자의 행동 패턴을 설명한다면 당신의 상황을 이해할 누군가를 찾는 일은 꽤 쉬울 것이다.

누구와 얘기를 나눠야 하는 걸까? 당신이 하려는 말을 누가 이해해줄 수 있을까? 왕따나 폭력을 잘 알고 있는 사람들(심리상담가, 변호사, 경찰 등)은 당신에게 도움을 줄 수 있다. 이들은 고도갈등 성격이나 성격 장애에 대한 개념에 익숙하지 않다 해도, 학대하는 사람이나 끊임없이 거짓말을 일삼는 사람을 마주할 때 해야 할 일에 익숙하기 때문에 적절한 조언을 할 수 있다.

이 장에서는 고도갈등 성격의 소유자를 다루는 데 도움을 얻기 위해서는 누구에게 다가가야 할지 자세하게 다룬다. 또 그들이 어떻게 당신을 도울 수 있을지에 대해서도 이야기한다.

심리적 도움 받기

대부분의 상담가는 우울증, 불안, 약물 남용처럼 일반적으로 분명한 정신적 문제들을 어떻게 다뤄야 할지 교육받았다. 하지만 고도갈등 성격과 성격 장애에 대해서는 익숙하지 않을 수 있다. 일부 성격 장애가 심리상담을 통해 나아지지 않는다는 사실 역시 도움이 되지 않는다. 예를 들어 편집성 성격 장애의 소유자는 남을 믿지 못하기 때문에 심리상담가를 거의 찾아가지 않는다. 반사회성 성격 장애의 소유자는 심리상담을 통해 공감과 돌봄의 언어를 배운 다음 그것을 모방해 다른 사람들을 조종하고 사기를 치기 때문에 오히려 상황이 나빠질 수 있다.

이 때문에 성격 장애를 어떻게 다뤄야 할지 교육받은 상담가나 심리치료사를 반드시 찾아봐야 한다. 가령 많은 심리치료사는 사람들의 부정적인 사고와 행동을 긍정적으로 바꿔주는 데 도움이 되는 치료법을 훈련받았다. 변증법적 행동치료Dialectrical Behavior Therapy (DBT로 알려져 있는 경계선 성격장애 치료법-옮긴이), 스키마 치료Schema Therapy (성장 과정에서의 경험에 의해 특징적인 생각, 감정, 행동을 갖게 되어 반복적으로 보이는 반응 체계를 스키마라고 하는데, 이 스키마가 건강하지 않아 장애로 나타난다고 보고 스키마를 수정하는 데 초점을 맞춘 치료가 스키마 치료다-옮긴이), 인지행동 치료법 등이다. 그래서 전문가는 당신이 고도갈등 성격의 소유자와 마주할 문제들이 무엇일지를 이해하고 예상하는 데 도움을 준다. 또 당신이 고도갈등 성격의 소유자를 어떻게 다룰지에 대해서 전략을 세우는 데도 도움을 준다. 하지만 심리상담가조차도 고도갈등 성격의 소유자에게 감정적으로 말려들어갈 수 있어 고도갈등 성격의 소유자가 아니라 당신이 문제라고 믿기도 한다. 따라서 당신에게 정말 도움이 될지 알아보려면 최소 세 명의 심리상담가와 만나보자. 그리고 다음의 네 가지 질문을 던지자.

◇ 경계선이나 자기애성 또는 연극성 성격 장애나 이런 성격의 특징을 가진 고객들을 얼마나 다뤄보았나요?
◇ 가족이나 직장 동료나 이웃 등 성격 장애를 가진 사람들과 마주해야 했던 고객을 만나본 적이 있나요?

◇ 고도갈등 성격의 소유자, 그러니까 의도적이거나 본의 아니게 남의 인생을 망가뜨리는 사람에게 비난의 표적이 된 고객이 이제까지 있었나요? 그렇다면, 어떻게 그 고객을 도와주었나요?
◇ 제가 이런 유형의 사람에 관한 책이나 기사를 가져다주면 이를 통해 더 배울 마음이 있나요?

많은 심리상담가가 이런 유형의 성격을 제한적으로 경험했을 수 있다. 그렇기에 그들과 말할 때 당신이 편안함을 느끼는가가 중요하다. 위의 질문에 대한 답을 듣고 당신이 처한 상황에서 가장 도움을 줄만한 사람이 누구일지 결정하자. 최종 선택은 당신의 몫이다. 정답은 없다. 당신이 처한 상황과 당신의 느낌을 바탕으로 선택해야 한다.

법률적 도움 받기

변호사들은 고도갈등 성격의 소유자나 성격 장애와 관련된 사건들을 의식하지 못한 상태에서 다루기도 한다. 변호사들은 심리상담가에 비해서 인간의 심리에 대한 교육은 덜 받는다. 하지만 법률적 방법을 통해 고도갈등 행동을 다룬 경험은 더 많다. 많은 고도갈등 성격의 소유자가 법정에 선다. 고도갈등 성격의 소유자가 자신의 문제 상황의 원인 제공자라고 생각하는 사람을 고소하거나, 다른 사람에게 잘못된 행동을 함으로써 피고인으로 고소를 당하는 일이 빈번하기 때문이다.

대부분의 변호사는 부동산 분쟁, 고용상의 분쟁, 사업 분쟁, 개인 상해, 이혼 소송 등 당신이 처한 상황과 비슷한 경우를 종종 마주한다. 당신이 고도갈등 성격의 소유자와 마주한 갈등을 법의 영역에서 다룬 경험이 많은 변호사를 찾아보자. 비슷한 일을 겪었던 지인으로부터 소개를 받는 것이 이상적이다.

심리상담가의 경우와 마찬가지로 당신을 대변할 변호사든, 스스로 사건을 해결하는 와중에 조언을 얻을 변호사이든 간에, 최소한 세 명의 변호사를 만나볼 것을 제안한다. 당신 스스로 사건을 처리하기로 마음먹기 전에, 사건이 규모가 얼마나 되고 얼마나 복잡한지, 고도갈등 성격의 소유자가 얼마나 까다로운지, 그의 변호사가 네거티브 옹호자인지를 잘 따져봐야 한다. 사건이 까다롭고 크고 복잡할수록, 변호사를 고용했을 때 당신이 얻을 이득이 더 커진다. 다음은 당신이 만나볼 변호사에게 물어볼 질문이다.

◇ 제 사건과 비슷한 사건을 다뤄봤나요? 어떻게 처리했나요?
◇ 성격 장애가 있는 사람의 사건을 다뤄본 적이 있나요?
◇ 고도갈등 성격의 소유자, 그러니까 의도적으로나 본의 아니게 남의 인생을 망가뜨리려는 사람에게 비난의 표적이 된 고객이 이제까지 있었나요? 그렇다면 어떻게 그 고객을 도와주었나요?
◇ 이런 유형의 사람에 관한 책이나 기사를 가져다주면 공부할 의사가 있나요? 제 사건과 관련 있는 성격 유형에 익숙한 심리전문가와 얘기를 나눌 마음이 있나요?

심리상담가를 인터뷰할 때와 마찬가지로, 당신의 상황에서 최고의 변호사가 누구일지 정답은 없다. 그들이 가진 지식과 능력 면에서 당신과 의사소통이 잘되고, 편안한 방식으로 당신을 지지해주는 사람으로 결정해야 한다.

가족과 친구

당신이 고도갈등 성격의 소유자로부터 벗어나는 데 가장 큰 힘이 되는 사람은 가족과 친구다. 하지만 가족과 친구가 당신의 네거티브 옹호자가 되기보다는 포지티브 옹호자로 행동하도록 주의를 기울여야 한다. 고도갈등 성격의 소유자가 표출하는 극단적인 감정은 분쟁에 참여한 양쪽 진영 누구에게나 전염된다는 점을 기억하자.

친구와 가족은 본능적으로 사건을 이끌어가려 하고, 당신에게 뭘 해야 할지 지시하고, 자신들이 직접 고도갈등 성격의 소유자나 그의 네거티브 옹호자와 맞서려고 할 것이다. 비록 그들의 의도가 선할지라도 주의해야 한다. 당신의 가족과 친구가 당신을 너무나도 도와주고 싶은 나머지 강한 감정을 드러낼 것을 예상해야 한다. 만일 이런 모습을 보이면 당신의 가족과 친구에게 무엇이 당신에게 도움이 되고 무엇이 그렇지 않은지를 가르쳐야 한다. 포지티브 옹호자가 되는 게 어떤 건지를 그들에게 말해주고, 네거티브 옹호자가 되지 않도록 선을 분명하게 그어야 한다. 다음과 같이 말이다.

◇ 어떻게 할지 조언하기보다는 격려와 지지를 보내 달라고 한다.

◇ 사람과 책과 웹사이트와 같은 정보를 제공해 달라고 해야 한다. 그리고 그중 당신에게 적합한 것을 제안해 달라고 한다. 하지만 그 제안을 당신이 받아들이지 않을 수도 있음을 이해시켜야 한다.

◇ 당신의 허락 없이 당신을 대신해서 고도갈등 성격의 소유자 또는 그의 옹호자와 대화를 나누어서는 안 된다.

◇ 당신에게 고도갈등 성격의 소유자와 그의 옹호자에 대해서 험담하는 데 많은 시간을 소비해선 안 된다. 당신이 긍정적으로 사고하고 해법을 찾는 데 집중하기 어려워질 수 있다.

자칫하면 내가 이상한 사람이 될 수 있다

도움을 얻기 위해 다가가는 사람 가운데에는 고도갈등 성격의 소유자의 행동에서 문제되는 것을 전혀 보지 못하는 이들도 있다. 그런 사람들은 당신이 과잉반응하고 있다거나 문제를 일으키는 진짜 원인이 당신이라고 말한다. 그럴 경우 그런 사람들에게 따지려고 해선 안 된다. 다만 그들이 당신이 도움을 받을 수 있을 만큼 의지할 수 있는 사람들인지를 결정해야 한다. 계속해서 당신이 마주하는 고도갈등 행동의 패턴을 이해하고 설명해줄 사람을 찾아야 한다. 그러나 그 사람과 가까워지기 전에는 성격 장애나 고도갈등 성격이라는 말을 쓰지 말자. 이 용어를 처음 들으면 사람들은 흥미를 잃어버리고, 당신이 과잉반응하고 있다거나 욕을 하고 있다고 생각할지도 모른다.

도움을 받고 싶은 사람을 결정했다면, 당신에게 상처가 되는 고도갈등 성격의 소유자의 행동 패턴을 그 사람에게 차분하게 설명하자. 가장 문제가 되는 세 가지 행동을 고르자. 다른 사람의 도움 없이는 그 행동을 멈출 수 없다고 말하자. 문제되는 행동 패턴이 어떻게 반복적으로 나타나며 당신과 다른 사람들에게 어떤 피해를 주는지 보여줄 가장 강력한 사례 서너 가지를 제시한다. 이런 설명을 통해 단순한 사건에 대해서 들었을 때는 알아채지 못했을 패턴들에 그 사람이 주의를 기울일 수 있다.

다음의 사례를 보자. 이 책에서 나오는 지식을 네거티브 옹호자가 끼어들어 있는 고도갈등 상황에 적용해보고, 그 지식을 활용해 포지티브 옹호자라면 할만한 세 가지 핵심적인 행동의 사례를 통해 상황이 어떻게 달라질 수 있는지 알아보자.

세 가지 사례 제시하기

안젤리카는 대학에 새로 고용된 비서였다. 그녀는 자신의 직속상관이자 특별 프로그램을 책임지고 있는 로저스 박사와 사무실을 함께 썼다. 로저스 박사는 다른 사람들에게는 놀라울 정도로 유쾌하고 상냥하지만 사무실 문이 닫히면 다른 성격을 가진 사람인 양 그녀를 비난했다. "다른 도시에서 사적으로 우리 프로그램에 방문한 사람들에게 손으로 쓴 감사 편지를 보내라고 수백 번이나 말했잖아. 감사의 이메일을 보내는 것만으로는 안 돼." 또는 "우리는 특별해! 너는 사람들에게 그렇게 계속 말해야 해! 왜 너는 이해를 못 하는 거야?" 또는 "내일 아침에 늦게 올 거야. 사람들에게는 내가 사무실에 있지만 바쁘다고 말해." 전화로 다른 사람을 폄하하며 고함을 지르는 경우도 있었다.

박사의 이런 행동으로 안젤리카는 신경이 매우 예민해졌다. 그녀는 그가 자신에게 무슨 말을 할지 (괜찮은 말은 아닐 거라는 점을 빼고는) 전혀 짐작할 수 없었다. 그녀는 대학을 좋아하고 동경했기에, 로저스 박사와의 다툼으로 자신의 일을 잃고 싶지 않았다. 그래서 그녀는 다른 대학 직원과 복도에서 일상적인 대화를 나누며 자신의 상사가 대학 내에서 어떤 평판을 받고 있는지를 물어보았다.

"아, 모두 그 사람을 최고라고 생각해요! 프로그램에 참여한 모든 사람에게 개인적으로 감사의 편지까지 쓴다니까요. 그 사람은 우리에게도 항상 친절해요. 아마 이 대학에서 성공할 거예요. 근데 왜 물어요?"

안젤리카는 단지 궁금해서 물어본 거라고 대답했다. 그녀는 그 사람의 실제 모습을 혹시 다른 누군가가 알고 있는지 궁금했다. 하지만 설령 안다고 해도, 그 사람은 그런 말을 하지 않을 것이다. 학교에서 로저스 박사의 대단한 평판을 감안해보면, 어쩌면 로저스 박사가 자신만 괴롭히는 게 아닐까 하고 그녀는 생각했다.

그 후 안젤리카는 로저스 박사의 부인을 만났다. 따로 둘만 만났을 때, 부인은 이렇게 말했다. "내 남편과 같이 일하는 게 쉽지 않다는 건 나도 알아요. 하지만 그 사람을 곤란하게 해선 안돼요. 나는 그 사람의 월급이 필요하고 그 사람이 1~2년 후에 대학 본부로 승진하길 바라고 있어요." 안젤리카는 꼼짝없이 그 사람에게 잡힌 것 같았다.

로저스 박사는 고도갈등 성격의 소유자인 것 같다. 안젤리카를 비난의 표적처럼 대하는 데다 그의 부인과의 사적인 대화에서 그가 다른 사람들도, 어쩌면 그의 부인도 그런 식으로 대해왔다는 것이 짐작되기 때문이다. 박사는 자신이 늦게 출근할 때 이를 비밀로 해 달라고 함으로써 안젤리카에게 옹호자가 되어줄 것을 요구했다. 그는 자기애성 성격 장애의 특징도 갖고 있는 듯하다. 그는 자신과 자신의 프로그램이 우월하다는 인상을 주려고 한다. 또한 그는 적어도 안젤리카에게 거만하고 무례하다.

안젤리카는 고도갈등 성격의 소유자를 다루는 방법을 적용해 자신의 상사로부터 벗어나야 한다. 먼저 그녀는 도움을 구해야 한다. 누구로부터 도움을 얻을 수 있을까?

자신의 직속 상사의 상관에게 말을 해야 하는 걸까? 인사부에 보고 해야 하는 걸까? 로저스 박사의 상관에게 자신이 괴롭힘을 당하고 있다고 항의해야 하는 걸까? 안젤리카는 대학의 다른 팀에서 일하는 사촌에게 얘기해보기로 마음을 먹었다.

"네가 뭔가를 해야 한다고 생각하지 않아." 그녀의 사촌은 말했다. "네가 너무 예민해진 것뿐이야. 나도 그 사람에 대해서 들은 적이 있는데 모두 그가 학교에서 승진할 거라고 생각하던데. 게다가 모든 사람이 그를 좋아한다면, 네가 무슨 말을 하더라도 그 사람보다는 네가 다칠 거야. 네가 상황을 받아들여야 해."

안젤리카는 미쳐버릴 것 같았다. 자신의 입장을 이해해줄 사람이 과연 있을까? 그녀는 로저스 박사처럼 까다로운 사람을 본 적이 없었다. 이는 고도갈등 성격의 소유자와 마주할 때 생기는 아주 흔한 일이다. 그들은 외부에서 보면 좋은 사람으로 보이는 경우가 많아서 사람들이 당신의 말을 믿기 힘들어한다.

"하지만 방법이 있어." 사촌이 말했다. "대부분의 대학에는 고충 처리 사무실이 있어. 그곳은 비밀을 유지해주고 어쩌면 너를 도와주거나 네가 누구와 얘기를 나눌 수 있는지를 말해줄 거야. 우리에게 그 방법이 있었네."

안젤리카는 고충 처리 사무실을 찾아가기 전에 자신의 생각을 정리하기로 마음먹었다. 그래야 자신의 말을 듣는 사람이 자신이 어떤 심각한 문제에 처해 있는지 이해할 것이기 때문이다. 안젤리카는 로저스 박사의 행동에서 세 가지 패턴을 선택했다. 각 패턴에 대해서 세 가지 사례를 골라야 한다는 점에 주목하자. 너무 많으면 듣는 사람이 압도되고, 너무 적으면 고도갈등 성격의 소유자의 행동이 얼마나 심각한지 제대로 전달되지 않기 때문이다. 다음은 그녀가 설명한 패턴이다.

◇ 첫 번째 행동 패턴: "그 사람은 저에게 험담하는 말을 대놓고 하면서 갑자기 분노를 폭발하는 경우가 자주 있어요." 그런 다음 안젤리카는 언제, 어디에서 그런 일이 벌어졌는지(이를 통해 그녀의 기억이 믿을만하다는 점을 보여줄 수 있고, 듣는 사람은 기억하기가 더 쉽다)를 포함해 세 가지 최악의 사례를 제시했다.
◇ 두 번째 행동 패턴: "그 사람은 제가 한 일을 마치 자신이 개인적으로 한 일인 것처럼 생색을 내요." 안젤리카는 감사의 편지에 대

한 사례와 함께 다른 두 가지 사례를 제시했다.

◇ 세 번째 행동 패턴: "그 사람은 자신을 대단히 멋진 사람인 것처럼 포장한 이미지를 남들한테 보여줘요. 남들이 없을 때는 저를 업신여기면서 말이에요." 안젤리카는 그가 다른 사람들에 대해서 자신에게 한 말을 포함한 두 가지 사례를 제시했다. 또 그런 일이 집에서도 자주 일어난다는 것을 분명하게 보여주는, 그의 부인이 자신에게 한 말도 전했다.

그녀가 고충 처리 사무실의 한 여성과 대화를 나누었을 때, 그 여성은 그녀의 말을 완전히 이해했다. "이것과 비슷한 사건을 여러 차례 봐와서, 그와 마주하는 게 어떤 건지를 이해할 수 있어요. 당신이 할 수 있는 선택을 같이 살펴봅시다."

안젤리카는 고도갈등 성격의 소유자와 그의 네거티브 옹호자에 대해서 이해하고 있는 누군가를 찾을 수 있어서 위안이 되었다. 고충 처리 사무실은 상황을 해결해주지는 못했지만, 그녀에게 몇 가지 선택지를 제시해주었다. 그녀는 더 이상 혼자라고 느끼지 않았다.

고도갈등 상황에 대한 세 가지 이론

앞의 사례에서, 안젤리카는 로저스 박사의 부정적인 행동 패턴을 포지티브 옹호자에게 설명함으로써 도움을 얻었다. 그러나 포지티브 옹호자에게 더 확신을 주려면, 고도갈등 상황에 대한 세 가지 이론을 설명하자. 당신 쪽이든 고도갈등 성격의 소유자 쪽이든 간에, 한쪽의 시각으로만 보면 상황을 잘못 이해하는 경우가 많다. 다음은 포지티브 옹호자가 될 수 있는 사람에게 제시할 수 있는 세 가지 이론으로, 이를 통해 그 사람이 당신 탓이라고 잘못 비난하는 위험을 줄일 수 있다.

◇ A가 나쁜 행동 패턴을 갖고 있다고 B가 말한다. 그리고 이는 사실이다. A가 고도갈등 성격의 소유자일 가능성이 있다.
◇ B는 A가 나쁜 행동을 한다고 말한다. 그러나 실제로는 A가 아니라 B가 나쁜 행동을 한다. B가 자신의 부정적인 생각과 감정과 행동을 A에게 투영하는 것이다. B는 고도갈등 성격의 소유자일 가

능성이 높고, A는 아마도 아닐 것이다.

◇ A와 B 둘 다 나쁜 행동을 한다. 둘 다 고도갈등 성격일 가능성이 있다.

누군가가 당신에게 어떤 사람이 나쁜 행동을 하고 있다고 말하면 이 세 가지 이론을 고려해서 판단해야 한다. 이 세 가지 이론은 겉으로 봐서는 비슷해 보인다. 그래서 성급하게 결론을 내리면 잘못 이해할 위험이 있다. 고도갈등 성격의 소유자와 관련해서는 특히 더 맞는 말이다.

당신은 포지티브 옹호자에게 이 세 가지 이론에 대한 각각의 주장을 제시함으로써, 그 사람의 마음을 열 수 있다. 변호사로서 나의 일은 대개 나의 고객들이 무고한 비난의 표적이며 고도갈등 성격의 소유자로부터 보호받아야 한다는 것을 다른 사람에게 확신시켜 주는 것이다. 이런 일은 수개월, 심지어 수년이 걸리는 경우도 있다. 인내심을 갖고 끝까지 고수해야 한다.

핵심은 결정권자, 잠재적인 옹호자, 관련 있는 다른 사람들의 마음을 여는 것이다. 그들의 마음이 열리면 각각의 이론에 대한 증거에 집중하고 무슨 일이 진짜로 벌어지고 있는지 이해하기가 쉬워진다. 다음은 가정 내 폭력이 의심되는 상황에서 세 가지 이론을 적용해 추론한 사례다.

캐롤린은 경찰에 전화를 걸어 자신의 남자친구이자 그들의 두 살짜리 아들의 아버지인 케빈이 자신을 폭행해왔다고 진술한다. 경찰이 도착하고 케빈은 그녀에게 손댄 적 없다고 말한다. 대신에 캐롤린이 자신을 집에서 쫓아낼 목적으로 스스로 머리를 벽에 부딪쳤다고 말한다. 그리고 그녀가 약물을 구입하는 데 돈을 주지 않아서 자신에게 화가 나 있다고 말한다. 경찰은 어느 누구를 믿어야 할지, 그리고 그 집에서 둘 중 누구를 내보내야 할지를 아주 빨리 결정해야만 한다.

어떤 얘기에 믿음이 가는가? 자동적으로 믿음이 가는 사람이 있는가? 만일 그렇다면, 당신은 잘못 판단했을 가능성이 있다. 이를 '확증 편향confirmation bias'이라고 한다. 한 가지 이론만을 믿고 확증하려고 함으로써 진실을 가리키는 증거들을 모두 놓치는 것을 의미한다.

세 가지 이론으로 접근하며 이 사건에서 각각의 이론을 입증하거나 반증하는 것으로 보이는 행동 패턴을 살펴보자. 예를 들어 케빈에게 가정 폭력 전과가 있는가? 경찰은 그의 체포 기록을 쉽게 들여다볼 수 있다. 캐롤린은 약물 중독 전력이 있는가? 경찰은 그녀의 몸에서 바늘 자국이나 약물 사용 흔적을 살펴볼 수 있다. 아니면 병원 기록이나 과다한 약물 처방과 같은, 그녀가 약물을 남용한 증거를 케빈에게 제시하라고 한다. 피해자의 안전, 피해자의 안전, 특히 아이의 안전을 위해 살펴봐야 할 행동 패턴이 무엇인지 알면 도움이 된다. 성격 인지 기술이 큰 도움이 될 수 있다.

둘 다 문제가 되는 행동을 한 과거가 있을 가능성을 염두에 둬야 한다. 추정만으로는 안 된다. 세 가지 이론 모두를 제대로 따져봐야만 한다. 그렇지 않으면 잘못된 사람을 도울 수도 있다. 그리고 이 경우에는 아이의 생명이 위험에 처할 가능성이 있다.

불행하게도 경찰, 심리상담가, 변호사, 판사 등의 결정권자가 이 세 가지 이론을 충분히 따져보지 않고 잘못된 판단을 내리는 경우도 있다.

세 가지 이론, 세 가지 패턴, 세 가지 사례

고도갈등 성격의 소유자를 다루려면 비난의 표적은 그 사람으로부터 완전히 벗어나기 위해 다른 사람의 도움과 지지를 얻어야 한다. 고도갈등 성격의 소유자가 새로운 사람을 재빨리 끌어모아 네거티브 옹호자로부터 지지를 얻기 때문이다. 도움을 얻으려면 고도갈등 성격의 복잡한 행동 패턴을 설명해야 하는데, 고도갈등 성격의 소유자는 비난의 표적이 문제인 것처럼 만들어버리기 때문에 쉽지 않은 일이다.

따라서 각각의 갈등 상황에 세 가지 이론을 적용해야 한다고 알리고, 그 사람이 증거와 주장을 철저히 조사하도록 하는 게 중요하다. 당신이 최근에 성격 인지에 관해서 알게 되었음을 그 사람에게 말해야 한다. 또 부정적인 행동 패턴 세 가지를 보여주고, 각 패턴에 대한 최악의 사례 세 가지를 제시하자.

'세 가지 이론, 세 가지 패턴, 세 가지 사례'를 기억하자.

당신의 상황을 이해하고 싶어 하지 않거나 당신 탓을 하는 사람들을 설득하느라 시간과 감정을 허비해서는 안 된다. 그건 당신 잘못이 아니다. 그들을 설득하는 일은 당신에게 해로울 뿐 아니라 진이 빠진다. 그들 가운데 다수는 성격 인지 능력이 부족하거나, 당신의 상황을 이해하기 힘들어하거나, 그들 자신이 고도갈등 성격을 갖고 있을 수 있다. 그들이 지지해주지 않는 것을 감정적으로 받아들여서는 안 된다. 대신에 당신의 말을 들어주고 이해해줄 사람을 찾는 데 에너지를 쏟아야 한다.

고도갈등 성격의 소유자가 보이는 극단적인 성향은 전쟁과 같은 갈등 상황에서 생존과 성공에 도움이 되기도 한다. 이들은 양심의 가책을 느끼지 않고 싸우는 전사다. 하지만 극단적으로 불안한 상황이 아니라면, 이런 특징들은 평화로운 문명사회에서 '장애'일 뿐이다. 고도갈등 성격을 제어하고 제한하려는 노력은 성공적인 문명의 징후일 수 있다.

3부
솔루션

10 장

고도갈등 성격 권하는 사회

그들이 우리와 다른 까닭

사람들은 나에게 "왜 고도갈등 성격이 존재하는가? 그리고 왜 그들의 수가 늘어나는 것 같은가?"라고 묻는다. 나는 이 두 질문을 수백 번이나 받았고 거의 20년 동안 이에 대해 생각해왔다. 이 장에서는 역사적인 문맥에서 이 두 질문에 답하고 우리의 미래 사회에서 어떤 의미를 갖는지에 대해서 나 자신의 해석을 들려주는 데 최선을 다할 것이다. 나의 고도갈등 성격 가설을 말이다.

우리가 살펴본 다섯 가지 유형의 사람이 그렇게나 해를 입힌다면, 왜 그들은 여전히 존재하는 걸까? 극단적인 행동을 일으키는 고도갈등 뇌의 '연결망wiring'은 전쟁과 같은 갈등 상황에서는 가치가 있지만 평화로운 문명에서는 불필요하며 지장을 줄 수 있다. 고도갈등 성격은 사회가 잘 정돈되어 있는지, 무질서한지에 따라서 역사적으로 증가하거나 감소한 듯하다. 사회적 격변기에는 더 많은 고도갈등 성격의 소유자가 나타난다. 예를 들어 현재 고도갈등 성격의 소유자가 증가하고 있는 것은 기술과 사회가 급격하게 변화하는 시대라는 게 부분적으로 이유가 된다. 이는 고도갈등 성격의 부정적인 이미지에 집중하는 거대한 미디어 문화에 의해 더욱 악화되고 있다. 미디어는 눈에 띄기 위해 이런 부정적인 이미지와 행동에 집중한다. 이는 관계 형성의 새로운 행동 기준으로 보일 수 있다. 어떤 사람들은 이런 식의 미디어만 편식하며 고도갈등 성격의 특징을 갖기도 한다.

고도갈등 성격 가설을 따라가려면, 먼저 우리는 고도갈등 성격과 성격 장애가 보통은 함께 간다는 것을 이해할 필요가 있다. 이 점은 대부분의 법률 전문가와 직업 전문가가 전혀 알지 못하는 중요한 연결이다.

앞에서 얘기했듯이, 고도갈등 성격과 성격 장애는 모 아니면 도 식의 사고, 통제되지 않는 감정, 자신의 문제를 두고 다른 사람들을 비난하는 점, 극단적인 행동이라는 공통점을 갖는다. 뿐만 아니라 고도갈등 성격의 소유자와 성격 장애를 가진 사람들은 유전적으로 비슷한 특징을 공유할 가능성도 있다.

몇 년 전에 나는 캘리포니아 대학교 로스앤젤레스 캠퍼스(UCLA) 정신과의사이자 뇌 연구가인 앨런 쇼어 Allan Schore 박사의 '오른쪽 뇌' 의사소통에 관한 이틀간의 세미나에 참석했다.[1] 그 세미나를 듣고 더 많은 뇌 연구 자료들을 조사하면서 고도갈등 행동을 뇌 구조와 연결해 이해할 수 있게 됐다.

모든 사람은 갈등을 해결하는 데 있어서 근본적으로 다른 두 가지 체계를 동시에 갖는데, 각각은 우리 뇌의 다른 쪽을 활동하게 한다.

◇ 우리의 생명을 구해야 하는 위급 상황에서 재빨리 행동하고 방어하기 위한 쪽.
◇ 문제를 자세하게 분석해서 다양한 해법을 생각하기 위한 쪽.

1. 관계의 뇌(우뇌)

방어적인 체계는 대개 우리 뇌의 오른쪽 반구에서 활발한 것으로 보인다. 우뇌는 급작스런 상황에서 어떤 위협이나 잠재적인 위기를 알려주기 위해 우리의 관계에 항상 주의를 기울이고 있다. 여기에는 신체적인 위험뿐만 아니라 위협적인 목소리 톤, 얼굴 표정, 손짓과 같이 사회적인 위험도 포함된다.

쇼어 박사의 연구에 따르면 우뇌에는 좌뇌보다 우리 몸과 연결된 신경 세포가 더 많이 존재한다. 그래서 직감을 느끼거나 직감적인 결정을 내릴 때, 우뇌를 쓰고 있을 가능성이 높다. 이를 통해 우리는 아주 짧은 시간 내에 위험을 피하기 위해서 행동을 취한다.

2. 논리적인 뇌(좌뇌)

우뇌가 재빠른 행동을 할 때 쓰인다면, 좌뇌는 복잡한 문제를 해결할 때 활성화하는 것으로 보인다. 자세하게 문제를 들여다보고, 선택할 수 있는 사항들을 분석하고, 미래를 위해 계획을 세우는 것이 여기에 속한다. 물론 이런 식의 사고는 신뢰할 수 있을 정도로 정확한 반면 속도가 느리다.

우뇌와 좌뇌를 연결하는 다리

일반적으로, 우뇌와 좌뇌는 한 사고 유형에서 다른 사고 유형으로 왔다 갔다 하면서 매우 긴밀하게 함께 일한다. 대부분의 시간 동안 좌뇌가 생각을 지배하고, 위기 상황에서는 우뇌가 우리를 지키고 방어하기 위해서 재빨리 인수받아 활동한다고 쇼어 박사는 말한다. 하지만 한쪽 반구의 사고 유형이 지배적이고 더 많은 뇌활동을 보일 때에도, 다른 반구 역시 얼마간은 활동을 유지하고 있다. 그렇다면 그 둘은 어떻게 함께 일을 하는 것일까?

그 답은 두 반구 사이의 '다리'인 뇌량corpus callosum에 있다. 일반적으로 뇌량에는 2~3억 개 정도의 신경세포가 있어서 우뇌와 좌뇌를 연결한다. 대다수 사람은 이런 식의 연결이 상당히 부드럽게 이루어진다. 그러나 그렇지 않다면 어떻게 될까?

하버드 대학교의 마틴 타이커Martin Teicher 박사와 그의 연구팀은 자신들의 연구[2]에서 여러 차례 반복적으로 학대받은 어린이들의 뇌량이 작고 손상이 돼 있음을 발견했다. 이로 인해 그 어린이들의 뇌는 문제 해결 체계와 위기 대처 체계 사이에서 왔다 갔다 하는 것을 더 힘들어했다. 그래서 어느 때에는 괜찮았다가 다른 때에는 엄청난 분노를 표출하면서 이성을 따르지 않았다.

그 연구는 손상 입은 뇌량이 성인의 경계선 성격 장애의 원인 중 하나일 수 있다고 제안했다. 다른 연구에서는 경계선 성격 장애를 가진 성인이 좌뇌와 우뇌 간의 의사소통에서 어려움을 겪음을 보여주기도 했다. 이는 경계선 성격 장애를 가진 사람이 매우 친근하고 논리적이었다가 한순간에 극단적으로 분노를 하고 비이성적으로 바뀌는 원인을 설명할 수 있다. 뇌량의 손상은 육체적인 학대 성적 학대, 언어적 학대, 무시, 전쟁터에서 성장하면서 생긴 스트레스가 원인일 수 있다.

타이커 박사는 크기가 줄어든 뇌량이 어쩌면 위험한 상황에서 아이가 어른으로 살아남는 데 도움이 될지도 모른다고 말한다. 뇌량이 작은 아이는 갈등 상황을 분석하느라 소중한 시간을 쓰기보다는 전쟁이나 학대 등으로부터 살아남기 위해서 더 빨리 행동을 취한다. 물론 스트레스에 대한 예민하고 민첩한 반응, 예를 들어 강한 투쟁 도피 반응(싸우거나 도망쳐야 하는 긴박한 상황에서 자동적으로 나타나는 생리적 각성 상태-옮긴이)은 사무실과 같은 환경에서 제대로 역할을 하지 못한다.

변증법적 행동치료와 같은 적절한 치료는 장애를 가진 사람이 자신의 감정과 고통을 다스리는 실질적인 방법을 배움으로써 뇌량을 강하게 하는 데 도움이 된다. 그 결과 시간이 흐르면서 뇌량에 더 많은 연결이 생긴다는 좋은 소식도 있다.

고도갈등 성격은 성격 장애와 함께 나타나는 경향이 있기에 이와 같은 뇌 연구는 왜 고도갈등 성격을 가진 많은 사람이 스트레스 상황에서 잘못된 논리로 반응하는지 설명해준다. 뿐만 아니라 공감과 관심과 존중으로 연결함으로써 고도갈등 성격의 소유자를 먼저 진정시킨 다음 분석하고, 반응하고, 그들에게 선을 긋는 방법이 유효한 이유도 설명이 된다. 만약 당신이 공격적으로, 아니면 그들의 나쁜 행동에 대한 생각을 전하려는 식으로 시작한다면, 당신은 '틀린' 뇌에 대고 얘기를 하는 것이다. 그로 인해 고도갈등 성격의 소유자에게 투쟁도피 반응을 일으키고 상황만 더 악화시킬 것이다. 앞에서 배운 CARS법은 고도갈등 유형의 반동적인 뇌 반응을 예상해 그들이 논리적이고 분석적인 뇌를 가동할 수 있도록 돕는다.

그들은 탁월한 생존자였다

사람이 사회화된다는 건 도대체 어떤 걸까? 어떤 연구를 참고하는지, 어떤 성격 장애를 지칭하는지에 따라 다르지만, 일반적으로 성격 장애는 40~80퍼센트가 타고난 것이라고 본다. 연구자들의 말에 따르면, 우리는 이미 특정한 성격적 기질을 갖고 태어나는데, 삶의 경험에 따라서 그 기질이 세지거나 약해진다. 천성과 양육 둘 다 성격 형성에 영향을 미친다는 말이다.

우리가 얘기를 나눈 다섯 가지 유형의 고도갈등 성격은 부정적인 삶의 경험, 특히 뇌 발달이 주로 일어나는 어린 시절 경험에 의해서 상당히 영향을 받거나 악화되는 것 같다. 어린 시절 부모와 아이 간의 '애착'은 그 아이의 인생에서 어마어마한 영향을 끼친다. 부모가 아이의 안식처 역할을 하지 못하고, 아이가 자신의 속도로 세상을 분석하지 못하게 되면 부모와 아이 간의 애착이 불안정해진다. 애착이 불안정해지면 아이는 부모에게 매달리거나, 부모에 대한 관심을 잃거나, 부모를 두려워하는 등의 방식으로 대응한다. 이런 식의 어린 시절의 대응이, 성장하면서 성격 장애를 가져올 수 있는 위험 요소가 된다.

아동 학대를 받거나 지나치게 높은 자존감을 갖도록 성장한다면, 성격 장애가 발전할 가능성이 더 높다. 특히 이미 성격 장애의 특징을 갖고 태어난 아이라면 더 그렇다.

반면에 반사회성 성격 장애는 다른 성격 장애에 비해 타고난 면이 큰 것으로 보인다. 이들에게 환경은 아주 작은 역할을 할 뿐이다. 이는 반사회성 성격 장애를 가진 사람들이 성인이 되면서 바뀔 가능성이 거의 없음을 뜻한다. 그들은 상처 주는 사람이 당신이든 다른 누구든 간에 신경 쓰지 않는다.

다섯 명의 탁월한 생존자

성격 장애와 고도갈등 성격을 가진 사람들은 역사적으로 항상 존재해왔다. 그들은 어쩌면 인간의 생존에 있어 어떤 역할을 할 수도 있다. 그렇지 않다면 이렇게 오랫동안 살아남지 못했을 것이다. 이에 대한 나의 가설은 이렇다.

인류학자들의 연구에 의하면, 인류가 현재의 뇌 용량을 갖게 된 것은 약 15~20만 년 사이이다.[3] 하지만 음성 언어는 약 7만 5천 년 전에 형성되었다.[4] 또한 문자 체계가 형성된 것은 5천 년 정도밖에 안 되었다는 게 일반적으로 알려진 바다. 따라서 인류 역사의 절반 동안 우리는 말이 아닌 방식으로 의사소통했다. 아마도 그르렁대는 소리와 몸짓과 표정으로 말이다.

오늘날에도 사람들은 의사소통하는 방식에서 비언어적 메시지가 약 90퍼센트를 차지한다는 데 동의한다. 우뇌가 비언어적 의사소통의 대부분을 통제하는 것으로 보이기 때문에, 문명화된 오늘날조차도 강한 감정 표현과 공격적인 행동을 하는 사람이 사람들의 관심을 더 받을 수 있고, 심지어 우리를 더 잘 제어할 수 있다. 고도갈등 성격의 소유자가 보이는 극단적인 성향은 생존과 성공에 도움이 되곤 한다. 실제로 고도갈등 성격은 전쟁이 터졌을 때 도움이 될 수 있다. 다음을 생각해보자.

1. 반사회성 고도갈등 성격

양심의 가책을 느끼지 않고 싸울 수 있는 전사다. 다른 사람을 해치는 것을 즐기고, 때로는 살해를 즐기기도 한다. 이들은 다른 사람 위에 군림하기 위해서 어떤 짓이든 할 것이고 누군가가 자신을 지배하려고 하면 그 사람에 대항해 매우 방어적인 자세를 취한다. 그들은 위험을 무릅쓰며, 심지어 자신의 생명이 위험에 처할 때조차도 짜릿한 흥분을 쫓는다. 생사가 걸린 거친 전투에서 그들이 당신 편에서 싸워준다면 매우 든든할 것이다. 그들은 성적으로 대단히 문란해 전쟁이 끝난 후 인구를 늘리는 데도 도움이 된다.

2. 자기애성 고도갈등 성격

다른 누구보다도 우월하게 보이고 싶어 하는 리더이다. 다른 사람들이 자신을 따르고 자신의 계획을 믿고 따르게 하는 데 있어서 대단히 설득력 있고 매력적인 사람일 수 있다. 자신의 적을 멸시하고 공개적으로 모욕하는 걸 즐기면서도, 자신의 편에 있는 사람에게는 칭찬과 관심으로 치켜세운다. 정치적으로나 성적으로 매력적인 사람일 수 있다. 이들의 성향은 추종자들의 수를 늘리고, 사람들의 신뢰를 얻는 데 도움이 된다. 자신이 현존하는 규범이나 법이나 기관보다도 우월하다고 보기 때문에 혁명적인 지도자로서는 최고일 수 있다.

그러나 혁명이 끝난 후 평화로운 사회나 조직을 건설할 때는 맞지 않다. 앞에서 내가 언급했듯이, 미국 연방수사국의 프로파일러들은 많은 테러 지도자가 이 성격을 갖고 있다고 보고한다. 특정 상황에서는 현존하는 질서를 무시하는 일이 앞으로 나아가는 데 필요하기도 하지만, 다른 상황에서는 그렇지 않다. 때문에 자기애성 리더는 평화로운 시기에 타도 당하는 경우가 자주 있다.

3. 경계선 고도갈등 성격

관계를 극단적으로 생각한다. 자신의 자녀와 배우자를 꽉 붙잡고 있다. 외부의 모든 위협으로부터 자신의 가족을 열성적으로 지키기 때문에, 전쟁 시 최고의 생존자가 될 수 있다. 질투심이 대단하고, 자신의 가정과 사회를 지키기 위해서 때로는 폭력을 행사하기도 한다. 남편으로서 이들은 자신의 배우자를 신체적으로 장악하고 통제함으로써 '보호'하려고 한다. 아내로서 이들은 배우자의 부정을 예의 주시하고 자녀가 자기 주변에 있도록 엄격하게 관리한다. 이런 점은 외부의 위협에서 가족이 살아남는 데 도움이 될 수도 있다.

4. 편집성 고도갈등 성격

모든 사람을 극도로 의심한다. 적 또는 배신자가 될 사람을 먼저 알아채기도 한다. 자신이 속한 사회 내부와 외부의 음모에 예의 주시하는 사람들이다. 또한 과거의 기분 나쁜 일을 기억하고 악의를 품기도 한다. 이는 반역자나 배신자를 잡아내는 데 도움이 된다.

5. 연극성 고도갈등 성격

대단히 사소한 사건과 사회적 부정행위에 매우 극적으로 반응한다. 다른 사람의 관심을 끄는 데 매우 뛰어나다. 모든 사람이 자신의 이야기와 위기 상황에 대한 외침에 관심을 갖도록 만든다. 가족이나 사회 내 개별적인 혼란을 무시할 수 있고, 자신의 놀라운 소식을 모든 사람이 함께 듣도록 사람들을 끌어 모을 수 있다. 이는 공동체가 위기 상황에서 살아남는 데 도움이 될 수 있다.

이제 말과 글이 생겨나기 전부터 각각의 고도갈등 성격 장애가 가족과 사회가 살아남는 데 어떻게 도움을 줄 수 있을지 이해할 것이다. 그러나 뒤집어 생각하면, 전쟁 시기도 아니고 일상생활에서 극단적인 불안한 상황이 없으면, 이런 특성은 현대 문명사회에서 '장애'일 뿐이다. 실제로 고도갈등 성격을 제어하고 제한하려는 능력과 욕구는 성공적인 문명의 징후일 수 있다.

왜 이상하고 파괴적인 사람은 점점 늘어날까?

나는 문명이 고도갈등 성격 형성에 큰 비중을 차지한다고 믿는다. 진 트웬지Jean Twenge와 키스 캠벨Keith Campbell은 《나는 왜 나를 사랑하는가The Narcissism Epidemic: Living in the Age of Entitlement》에서 성격 발달은 자신을 키운 가족보다 자신이 태어나기 10년 전이 더 많은 영향을 미친다고 말한다.[5] 나는 그렇게까지 멀리 가고 싶지는 않다. 임상심리사로서 나의 경험에 비춰볼 때 가족의 영향이 더 중요하다고 믿기 때문이다. 그렇지만 문명의 영향도 무시 못 할 정도로 매우 강력하다.

이는 1920년대에 태어난 사람과 1980년대에 태어난 사람을 비교해보면 쉽게 알 수 있다. 첫 번째 그룹은 "많은 사람에게 가장 위대한" 세대로 알려져 있다. 그들은 대공황과 제2차 세계대전을 겪으면서 서로를 도와주는 법을 배웠다. 실업률이 25퍼센트에 달한 이때 사람들은 집을 잃고, 먹거리도 제한적이었기 때문에 이타적이고 희생적이었다. 사람들에게 가족과 사회와 국가는 인생을 바칠 가장 큰 이유였다. 그들은 자신에 대해서 얘기하는 것조차 좋아하지 않았다. 이 모든 요인이 그 세대 성격의 일부가 되었다.

반면에 1980~2010년대 초반 사이에 태어난 사람은 개인용 컴퓨터를 갖고 자라난 첫 세대이다. 밀레니얼 세대에게 다양한 전자기기를 갖고 혼자 시간을 보내는 것은 일반적이다. 이런 기기들을 잘 사용하는 것이 사회적으로나 경제적으로 높은 평가를 받는다. 개인적인 성공을 추구하는 것이 문화적으로 우위를 차지하게 되었다(물론 개인에 초점을 맞추는 이런 경향은 산아 제한과 핵가족이 문화적인 규범이 된 후인 1960~1970년대 베이비부머 세대에서 시작되었다).

1970년대 초에는 록 스타, 영화배우, 스포츠 스타, 백만장자가 문화적으로 가장 존경받았다. 개인의 권리와 자유는 진영을 막론하고 정치적인 활동의 초점이 되었다.

사회적인 집단이 개인보다 중요했던 시대에는 고도갈등 행동에 대한 사회적 제약과 비판이 많았다. 오늘날에는 고도갈등 성격을 가진 개인들이 적은 제약을 받고 많은 관심을 받으며, 흥미로운 사람으로 여겨져 미디어의 관심과 경제적인 성공과 정치적인 힘을 보상으로 받는 경우도 꽤 된다. 이들의 문제 행동은 검증되지 않은 채 지나가고 유명해진다. 우리는 그런 사람들을 더 많이 보게 되었다.

성격 장애의 측면에서 볼 때, 다섯 가지 유형의 고도갈등 성격이 점점 늘어나는 것으로 보인다. 미국립보건원 연구에 따르면, 젊은 연령대(20~29세)에서 성격 장애가 가장 높은 비율을 보이고, 나이가 많은 연령대(65세 이상)에서 가장 낮게 나온다.[6] 성격은 인생 전반에 걸쳐서 상당히 고정적이기 때문에, 젊은 연령대에 성격 장애가 더 많다는 결과는 사회적으로 성격 장애가 증가하고 있다는 뜻이다.

여전히 갈등을 갈구하는 사회

왜 그럴까? 나는 지난 20여 년 동안 미디어에서 성격 장애의 행동을 가르치고 있다고 생각한다. 1990년대 이후 케이블 채널과 인터넷은 뉴스가 감정적이고 막장 드라마 같은 면을 보도하도록 부추겼다(출판 미디어는 감소했다). 뉴스는 대중의 관심을 끌기 위해 바른 행실보다 나쁜 행실에 역점을 두었다. 미디어는 성인에게는 오락이지만 아이들에게는 사회를 배우는 통로이다. 만약 당신이 지구에 갑자기 내려오게 되어 뉴스 프로그램을 시청한다면, 세상 어디서나 전쟁 중이라고 믿을 것이다. 역사상 그 어느 때보다 평화로운 때인데 말이다.[7] 그렇다면 왜 상대적으로 평화로운 이 시기에 고도갈등 성격의 소유자의 수가 늘어나는 걸까?

평화로운 시기임에도 고도갈등 성격이 도움이 되는 때가 가끔씩 있다. 불안정성과 사회적 경직성이 너무 심하다고 생각하는 시기에 고도갈등 성격은 우리의 관심을 모아서 사람들이 현존하는 질서를 무너뜨리도록 이끈다. 현재에도 우리는 사회적으로 갈등이 있는 시기를 경험하고 있는지도 모른다. 우리 사회에 경직되고(소득 불평등, 계층 상승 불가, 정부 규제 등), 불안정한(인터넷, 총기 사용, 중동 전쟁 등) 부분이 있기 때문이다.

예를 들어 우리는 첨단기술 기업이 기존의 기업과 산업을 '파괴한다'는 소식을 종종 듣는다. 첨단기술 기업의 초기 대표들 중에는 고도갈등 성격, 특히 자기애성 고도갈등 성격을 가진 사람들이 있다고 여겨져 왔다. 이들은 자신의 극단적인 생각과 행동을 밀어붙여서 우리가 사는 방식을 바꿔놓는 혁신가이다. 때로는 더 나아지게 하기도 하고 때로는 더 나빠지게 만든다.

대표적인 예가 바로 스티브 잡스이다. 모 아니면 도 식의 사고, 통제되지 않는 감정, 극단적인 행동, 그리고 비난의 표적에게 강압적으로 해고 통보하거나 전화상으로 소리를 지르거나 공개적으로 망신을 주는 식의 그의 행동은 실리콘 밸리에 널리 알려져 있었다.[8] 사람들의 말에 따르면 잡스는 여러 산업 분야(컴퓨터, 음악, 휴대폰, 사진 등)가 발전하는 데 큰 기여를 했다. 잡스 주변에 있는 사람들이 그의 극단적인 행동에 선을 그으면서 동시에 그가 자신의 생각과 재능을 최대한 활용하도록 그를 통제한 덕분이다.[9]

물론 모든 고도갈등 성격의 소유자가 스티브 잡스처럼 사회에 도움이 되는 건 아니다. 고도갈등 문화가 좋은 면에서든 나쁜 면에서든 많은 고도갈등 성격의 소유자를 양산할 것이기 때문에, 현재와 미래를 살아나가려면 성격 인지 원리를 반드시 배워야 한다.

더 나은 사회를 위해

국가와 사회와 가족과 개인은 고도갈등 유형에 주의를 기울여야 한다. 다른 사람들과 유연하게 관계를 맺도록 노력해야 한다. 고도갈등 성격을 가진 많은 사람은 법과 규제를 통해 충분히 통제가 가능하고 사회에 생산적인 기여자가 될 수 있다. 그러려면 많은 사람이 성격인지를 이해하고 있어야 한다.

공감 하는 것도 중요하다. 고도갈등 성격의 소유자들은 그런 식으로 태어났거나, 어린 시절 학대를 받았거나, 응석받이로 자라났거나, 미디어 문화의 영향을 받아 그렇게 된 것일 수 있다. 그들은 자신의 성격상의 문제를 스스로 선택해서 얻은 게 아니며, 다른 사람들 못지않게 자신의 삶도 망가뜨린다. 고도갈등 성격에 대해서 보다 많은 사람이 배우면 우리의 개인적인 삶과 사회적인 삶이 평화로워질 것이라고 믿는다.

나도 고도갈등 성격일지 모른다

우월감을 느끼거나 갑자기 분노가 폭발하거나 다른 사람 위에 군림하고 싶을 때가 있는가? 이는 모두가 어느 정도 가지고 있는 보편적인 특징이다. 다만 이런 행동이 패턴으로 나타나 옴짝달싹 못 하고 자신을 되돌아보지 못할 때 우리는 고도갈등 성격이 될 위험에 처한다.

성격 장애가 없는 사람들은 자신의 행동을 계속 살펴본다. 그 결과 자신의 과거에서 교훈을 얻고 잘못된 행동을 바꿔나간다. 정기적으로 자신의 행동을 살펴보자. 갈등을 겪은 후에는 스스로에게 이렇게 묻자. '내가 뭘 잘못했기에 그런 반응이 나온 걸까?' '다음에는 어떻게 다르게 할 수 있을까?'

물론 당신은 상대방에게 극단적인 반응을 일으킬만한 그 어떤 것도 하지 않았을 수도 있다. 그러나 어떤 갈등에서든 당신이 긍정적으로 바꿀 수 있는 부분을 찾아야 한다. 비난의 문제가 아니라, 배우고 변화할 열린 마음을 가져야 한다.

나를 보호하면서도 남을 이해하기

우리 삶의 모든 면에 영향을 주는 고도갈등 성격과 관련한 문제는 점점 커지고 있다. 당신을 겁주려는 게 아니다. 이 책을 통해 당신의 삶에서 고도갈등 성격의 소유자를 알아보고 피하고 마주하는 데 자신감을 가질 수 있는 정보를 얻었기를 바란다. 핵심은 자기 인식에 있다. 도움이나 조언이 필요한 순간을 알아차릴 때도 자기 인식을 해야 한다. 당신은 혼자가 아니다.

당신의 삶을 망가뜨릴 수 있는 고도갈등 성격의 소유자는 인구의 10퍼센트만을 차지하지만, 그들은 모든 사람의 삶에 영향을 주고 있다. 이러한 성격 문제를 이해하고, 어떻게 반응해야 할지 알면 고도갈등 성격의 소유자까지도 포함해서 서로 돕고 살 수 있다. 자신을 보호하면서도 타인에게 연민을 가질 수 있다. 모든 건 당신에게 달려 있다.

Notes

1장

1. American Psychiatric Association, *Diagnostic and Statistical Manual of Mental Disorders, Fifth Edition* (Washington DC: American Psychiatric Association, 2013). 줄여서 *DSM-5*라고 한다.

2. 내가 참석했던 성격 장애에 대한 그의 강연에서 "하늘에서 뚝 떨어진 것인 양"과 "인생의 희생자"라는 표현을 선사해준 그레고리 레스터(Gregory Lester) 박사께 감사를 드리고 싶다.

3. *DSM-5*에는 이런 말이 나와 있다. "2001-2002년 사이에 알코올과 관련 질환에 관한 미국가 역학 설문조사(National Epidemiologic Survey on Alcohol and Related Conditions)에 따르면 약 15퍼센트의 미국인이 성격 장애를 하나 이상 갖고 있다."(p. 646)

4. *DSM-5*에서 말하는 성격 장애의 특징이 있다. "넓은 범위의 개인적 사회적 상황에서 지속적이고 일관된 행동 패턴이 변하지 않고 두루 영향을 미친다."(p. 646) 고도갈등 성격의 소유자들도 성격 장애나 특징을 갖고 있어서 이런 성향이 있다.

5. Michael Muskal, "Phoenix Lawyer Shot After Mediation Session Dies," *Los Angeles Times*, February 1, 2013.

6. Gavin de Becker, *The Gift of Fear: Survival Signals That Protect Us from Violence* (New York: Dell, 1997).(개빈 드 베커 지음, 하현길 옮김, 《서늘한 신호》, 청림출판, 2018)

7. CARS법은 다음의 나의 저서에 자세하게 기술되어 있다. *It's All Your Fault!: 12 Tips for Managing People Who Blame Others for Everything* (Scottsdale, AZ: Unhooked Books, 2008).

2장

1. *DSM-5*(1장의 주3 확인)에 나오는 알코올과 관련 질환에 관한 미 국가 역학 설문조사(National Epidemiologic Survey on Alcohol and Related Conditions)는 미국립보건원의 지원을 받았다. 미국인 중에 성격 장애의 비중이 얼마나 되는지를 알아보는 대규모 세부 연구였다. 연구 결과 젊은 연령대에서 높은 비율로 성격 장애가 나타나는 것으로 조사되었다. 이는 성격 장애가 세대별로 증가하고 있다는 의미다. 이 책에서 "미국립보건원 연구"로 통칭해서 부르는 대규모 연구 3가지는 다음의 것들이다.
   B. F. Grant, H. S. Hasin, F. S. Stinson, D. A. Dawson, S. P. Chou, W. J. Ruan, and R. P. Pickering, "Prevalence, correlates, and disability of personality disorders in the United States: Results from the National Epidemiologic Survey on Alcohol and Related Conditions," *Journal of Clinical Psychiatry* 65, no 7 (2004): 948-58.
   B. F. Grant, S. P. Chou, R. B. Goldstein, B. Huang, F. S. Stinson, T. D. Saha, S. M. Smith, D. A. Dawson, A. J. Pulay, R. P. Pickering, and W. J. Ruan, "Prevalence, correlates, disability, and comorbidity of *DSM-IV* borderline personality disorder: Results from the Wave 2 National Epidemiologic Survey on Alcohol and Related Conditions," *Journal of Clinical Psychiatry* 69, no. 4 (2008): 533-45.

F. S. Stinson, D. A. Dawson, R. B. Goldstein, S. P. Chou, B. Huang, S. M. Smith, W. J. Ruan, A. J. Pulay, T. D. Saha, R. P. Pickering, and B. F. Grant, "P Prevalence, correlates, disability, and comorbidity of *DSM-IV* narcissistic personality disorder: Results from the Wave 2 National Epidemiologic Survey on Alcohol and Related Conditions," *Journal of Clinical Psychiatry* 69, no. 7 (2008): 1033–45.

2. Jonathan Haidt, *The Righteous Mind: Why Good People Are Divided by Politics and Religion* (New York: Pantheon, 2012).(조너선 하이트 지음, 왕수민 옮김, 《바른 마음: 나의 옳음과 그들의 옳음은 왜 다른가》, 웅진지식하우스, 2014)

3. S. Carpenter, "Buried Prejudice," *Scientific American Mind* 19, no. 2 (2008): 33–39.

4. 조너선 하이트, 《바른 마음: 나의 옳음과 그들의 옳음은 왜 다른가》. 이 책의 저자는 우리가 "이집단성(groupish)"—다른 집단에 대해 자기 집단의 이익을 추구하는 경향, 이는 인류가 수십만 년 전부터 집단적으로 협력하면서 발전되어온 인류의 진화의 산물—을 띤다고 말한다.

5. Cass R. Sunstein and Rein Hastie, *Wiser: Getting Beyond Groupthink to Make Groups Smarter* (Boston: Harvard Business Review Press, 2015).

3장

1. Stinson, F. S., et al., 1036.

2. Ibid., 1038.

3. Ibid.

4. Ibid., 1036.

5. *DSM-5*, 646.

6. Joseph Burgo, *The Hero as Narcissist: How Lance Armstrong and Greg Mortenson Conned a Willing Public* (Chapel Hill, NC: New Rise Press, 2013)

7. http://www.psychologytoday.com/blog/shame/201301/lance-armstrong-narcissism-and-what-lies-behind-it.

8. http://comedownoffthecross.wordpress.com/2013/01/19/sociopath-or-narcissist/.

9. Alex Gibney, The Armstrong Lie (Sony Pictures Classics, 2013).(알렉스 기브니, 다큐멘터리 〈암스트롱의 거짓말〉)

10. Joe Navarro, *Hunting Terrorists: A Look at the Psychopathology of Terror*, 2nd Ed. (Springfield, IL: Charles C. Thomas, Publisher, 2013), 37–38.

4장

1. B. F. Grant, D. S. Hasin, et al., 536.

2. Ibid.

3. Randi Kreger, *The Essential Family Guide to Borderline Personality Disorder: New Tools and*

Techniques to Stop Walking on Eggshells(Center City, MN: Hazelden, 2008).

5장

1. B. F. Grant, D. S. Hasin, et al., 951.

2. Ibid., 952.

3. Donald G. Dutton, *The Abusive Personality: Violence and Control in Intimate Relationships*(New York: Guilford Press, 1998).

4. B. F. Grant, D. S. Hasin, et al., 952.

5. Paul Babiak and Robert D. Hare, *Snakes in Suits: When Psychopaths Go to Work* (New York: Regan Books, 2006).(폴 바비악 · 로버트 헤어 지음, 이경식 옮김, 《직장으로 간 사이코패스》 랜덤하우스코리아, 2007) 이 책의 저자들은 이렇게 말한다. "반사회성 성격 장애는 소시오패스와 유사하다 (…) 우리가 소시오패스로 묘사하는 사람들은 반사회성 성격 장애를 가진 사람들보다는 덜 알려져 있지만 더 높은 비율을 차지할 가능성이 있다." (p. 19)

6. Ann Rule, *The Stranger Beside Me*(New York: W. W. Norton & Company, 1980; Seattle: Planet Ann Rule, LLC, 2017)

7. *U.S. Securities and Exchange Commission Office of Investigations*, Investigation of Failure of the SEC to Uncover Bernard Madoff's Pozi Scheme–Public Version, August 31, 2009. Retrieved on May 10, 2017, www.sec.gov/news/studies/2009/oig–509.pdf.

8. Diana B. Henriques and Al Baker, "A Madoff Son Hangs Himself on Father's Arrest Anniversary," *New York Times*, December 11, 2010, http://www.nytimes.com/2010/12/12/business/12madoff.html.

9. Ashley Reich, "Ruth Madoff Divorce? Bernie Madoff's Wife Cuts Ties: Report," *Huffington Post*, October 15, 2011, http://www.huffingtonpost.com/2011/08/15/ruth–madoff–divorce–bernie–madoff_n_927295.html.

6장

1. *DSM-5*, 951–52.

2. *Lassiter v, Reno*, 86 F.3d 1151.

7장

1. B. F. Grant, D. S. Hasin, et al., 952.

2. Ibid., 1038.

3. *DSM-5*, 667.

4. In re Carrington H., 483 S. W. 3d 507, 521–22.

5. Ibid., 509–10.

6. Ibid., 507, 507, 522

7. Ibid., 507, 522–23.

8. Ibid. 507, 513.

8장

1. 네거티브 옹호자란 용어는 *High Conflict Personalities: Understanding and Resolving Their Costly Disputes*(San Diego, CA: Wiliam A. Eddy, 2003)라는 제목의 나의 첫 번째 자가 출판 책에서 등장했다. 이 책은 *High Conflict People in Legal Disputes*의 초판 버전이다.

2. Justin Block, "10 Years Later, The Duke Lacrosse Rape Case Still Stings," Huffington Post, March 11, 2016, Updated December 29, 2016.

10장

1. 앨런 쇼어 박사는 다수의 책을 쓴 저자로, 이 내용은 *The Science of the Art of Psychotherapy* (New York: W. W. Norton, 2012)에서 주로 퍼온 것이다.

2. Martin Teicher, "Scars That Won't Heal: The Neurobiology of Child Abuse," *Scientific American* 286, no. 3 (2002): 68–75.

3. Rob Desalle and Ian Tattersall, *Human Origins: What Bones and Genomes Tell Us About Ourselves* (Number Thirteen: Texas A&M University Anthropology Series, D. Gentry Steeele, ed.).

4. Carl Zimmer, "Monkeys Could Talk, but They Don't Have the Brains for It," *New York Times*, December 9, 2016. 이 기사는 말에 대한 인류의 진화가 혀를 목구멍 쪽으로 뒤로 움직이게 해주는 성도(vocal tract, 성대에서 입술과 콧구멍에 이르는 관)의 변화에서 비롯되었다는 연구자들의 말을 인용했다. "현대 인간과 같은 성도를 가진 화석은 7만 5천 년 전부터 찾아볼 수 있다."

5. Jean M. Twenge & W. Keith Campbell, *The Narcissism Epidemic: Living in the Age of Entitlement* (New York: Free Press, 2009).(진 트웬지 · 키스 캠벨 지음, 이남석 옮김, 《나는 왜 나를 사랑하는가》, 옥당, 2010)

6. B. F. Grant, D. S. Hasin, et al., 952.

7. Steven Pinker, *The Better Angels of Our Nature: Why Violence Has Declined*(New York: Viking, 2011).

8. Robert Sutton, *The No Asshole Rule: Building a Civilize Workplace and Surviving One That Isn't* (New York: Warner Business Books, 2007).(로버트 I. 서튼 지음, 서영준 옮김, 《또라이 제로 조직》, 이실MBA, 2007)

9. 스티븐 잡스 주변에 있는 사람들이 CARS법과 같은 방법을 어떻게 성공적으로 활용했는지에 관한 분석을 보려면 다음의 책을 참고하라. Bill Eddy and L. Georgi DiStefano, *It's All Your Fault at Work: Managing Narcissists and Other High-Conflict People*(Scottsdale, AZ: Unhooked Books, 2015).

※한국어 번역판이 있는 책은 원제를 쓴 다음 한국어판 제목을 덧붙였다.

그는 왜 하필 나를 괴롭히기로 했을까?

초판 1쇄 발행 2018년 10월 1일

지은이 • 빌 에디
옮긴이 • 박미용

펴낸이 • 박선경
기획/편집 • 김시형, 권혜원, 김지희, 박윤아, 한상일, 남궁은
마케팅 • 박언경
표지 디자인 • dbox
본문 디자인 • 디자인원
제작 • 디자인원(031-941-0991)

펴낸곳 • 도서출판 갈매나무
출판등록 • 2006년 7월 27일 제395-2006-000092호
주소 • 경기도 고양시 일산동구 백석동 1324 동문굿모닝타워2차 912호
전화 • 031)967-5596
팩스 • 031)967-5597
블로그 • blog.naver.com/kevinmanse
이메일 • kevinmanse@naver.com
페이스북 • www.facebook.com/galmaenamu

ISBN 978-89-93635-02-7/ 03190
값 15,000원

• 잘못된 책은 구입하신 서점에서 바꾸어드립니다.
• 본서의 반품 기한은 2023년 9월 31일까지입니다.

이 도서의 국립중앙도서관 출판예정도서목록(CIP)은 서지정보유통지원시스템 홈페이지(http://seoji.nl.go.kr)와 국가자료공동목록시스템(http://www.nl.go.kr/kolisnet)에서 이용하실 수 있습니다.(CIP제어번호: CIP2018027496)